Arthur Schüle

Crowdinvesting für junge Unternehmen und Start-ups

Eine innovative Finanzierungsform
für erfolgreiche Gründungen

Schüle, Arthur: Crowdinvesting für junge Unternehmen und Start-ups: Eine innovative Finanzierungsform für erfolgreiche Gründungen, Hamburg, Igel Verlag RWS 2015

Buch-ISBN: 978-3-95485-329-8
PDF-eBook-ISBN: 978-3-95485-829-3
Druck/Herstellung: Igel Verlag RWS, Hamburg, 2015

Bibliografische Information der Deutschen Nationalbibliothek:
Die Deutsche Nationalbibliothek verzeichnet diese Publikation in der Deutschen
Nationalbibliografie; detaillierte bibliografische Daten sind im Internet über
http://dnb.d-nb.de abrufbar.

© Igel Verlag RWS, Imprint der Diplomica Verlag GmbH
Hermannstal 119k, 22119 Hamburg
http://www.diplomica.de, Hamburg 2015
Printed in Germany

Inhaltsverzeichnis

Abbildungsverzeichnis

Tabellenverzeichnis

Abkürzungsverzeichnis

AG	Aktiengesellschaft
AR&D	American Research and Development
B2B	Business-to-Business
B2C	Business-to-Consumer
BaFin	Bundesanstalt für Finanzdienstleistungen
BDI	Bundesverband der Deutschen Industrie
BIP	Bruttoinlandsprodukt
BVK	Bundesverband Deutscher Kapitalbeteiligungsgesellschaften
DEC	Digital Equipment Corporation
DIW	Deutsches Institut für Wirtschaftsforschung
EFRE	Europäischer Fonds für regionale Entwicklung
EIF	Europäischer Investitionsfonds
ERP	European Recovery Program
EVCA	European Venture Capital & Private Equity Association
FHP	Unternehmensberatung Fleischhauer, Hoyer & Partner
GewO	Gewerbeordnung
Hrsg	Herausgeber
HTG	High-Tech Gründerfonds
IPO	Initial Puplic Offering
ISI	Institut für System- und Innovationsforschung
KMU	Kleine und mittlere Unternehmen
KWG	Kreditwesengesetz
MBI	Management-buy-in

MBO	Management-buy-out
MIT	Massachusetts Institute of Technology
MoRaKG	Gesetz zur Modernisierung der Rahmenbedingungen für Kapitalbeteiligungen
SBA	Small Business Administration
SBIC	Small Business and Investment Companies
URL	Uniform Resource Locator
VC	Venture Capital
VerkProspG	Verkaufsprospektgesetz
VermAnlG	Vermögensanlagegesetz
WFG	Wagnisfinanzierungsgesellschaft
WpPG	Wertpapierprospektgesetz
ZAG	Zahlungsdiensteaufsichtsgesetz
ZEW	Zentrum für europäische Wirtschaftsforschung

1. Einleitung und Definition der Zielsetzung

Peter Drucker, amerikanischer Ökonom und Pionier der modernen Managementlehre, sagte einmal: „ Kein junges Unternehmen schreibt in den ersten vier Jahren schwarze Zahlen. Noch nicht einmal Mozart- er hat erst mit vier Jahren angefangen, schwarz auf weiß Noten zu schreiben". Dieser, offensichtlich mit einem starken Augenzwinkern aufgestellter Vergleich, umschreibt die Situation, in der sich neugegründete Unternehmen häufig wiederfinden sehr treffend.

Während Unternehmensneugründungen aus Branchen mit geringem Kapitalbedarf, wie einige Bereiche der Dienstleistungsbranche, mit vorhandenem Eigenkapital der Gründer oder aus dem persönlichen Umfeld finanziert werden können, haben junge, wachstumsstarke und innovative Unternehmen, die in der Anfangsphase meist keine Gewinne erwirtschaften, einen erheblichen Kapitalbedarf, den zu decken in der Regel eine große Herausforderung darstellt. Die Höhe des benötigten Kapitals übersteigt hier in den meisten Fällen die persönlichen finanziellen Möglichkeiten der Gründer, wodurch eine starke Nachfrage nach alternativen Kapitalquellen entsteht.[1]

Als direkte Folge der Finanzkrise haben sich die Kreditaufnahmemöglichkeiten für Unternehmen, vor allem für Neugründungen, weiter erschwert. Die restriktive Vergabepolitik seitens der Banken sorgt für immer höhere Ansprüche an zu stellenden Sicherheiten und persönlicher Kreditfähigkeit der Gründer und in der Konsequenz zu hohen Zins- und Tilgungsbelastungen, bzw. zur Ablehnung des Kreditantrags. Existenzgründer benötigen alternative Finanzierungsmöglichkeiten, die ihre Bedürfnisse im besonderen Maße berücksichtigen. Eine solche bedarfsgerechte Alternative stellt Beteiligungskapital dar. Für Unternehmen bietet sich dadurch die Möglichkeit einer externen Eigenkapitalfinanzierung, um geplante Vorhaben in die Tat umsetzen zu können. Aber nicht nur für innovative Unternehmensneugründungen ist Beteiligungskapital, in diesem Kontext häufig als Venture Capital bezeichnet, ein geeignetes Finanzierungsinstrument, denn auch bereits etablierte mittelständische Unternehmen können durch Beteiligungskapital, in diesem Kontext häufig als Private Equity bezeichnet, Investitionsvorhaben realisieren, die anderweitig gar nicht oder nur unter Inkaufnahme höherer Kosten möglich wären.

Der Fortschritt im Bereich der Informationstechnologie sowie die Entwicklung und Weiterentwicklung des Internets, schufen einen neuen, nahezu unerschöpflich großen Markt mit enormen Potenzial. Die Begriffe Internet und Innovation stehen in einem engen Zusammenhang. Schließlich waren es innovative Garagenunternehmen, aus denen heute führende Internetunternehmen geworden sind. Auch im Bereich der Unternehmensfinanzierung stellt das Internet die Plattform für Innovationen. Derzeit etablieren sich in Deutschland Onlineplattformen zur Finanzierung von Unternehmensgründungen. Die Finanzierung erfolgt hier jedoch nicht durch spezialisierte Venture Capital-Gesellschaften oder durch Business Angels, sondern jede interessierte

---

[1] Vgl. Röhl, K,H.: Der deutsche Wagniskapitalmarkt, Köln: Institut der deutschen Wirtschaft Köln 2010, S.6.

Privatperson kann bereits mit Kleinstbeträgen einem Unternehmen Kapital beisteuern. Diese als Schwarmfinanzierung oder auch Crowdinvesting bekannte Neuentwicklung, steckt in Deutschland noch in den Kinderschuhen und der Prozess hat gerade erst begonnen. Aufgrund der Aktualität und der Tatsache, dass sich bisher kaum wissenschaftliche Studien dieser neuen Thematik angenommen haben, stellt Crowdinvesting als Mittel zur Unternehmensfinanzierung ein ideales Forschungsthema dar.

Ziel der vorliegenden Studie ist es, den in Deutschland im Entstehungsprozess befindlichen Markt für Crowdinvesting systematisch zu analysieren. Crowdinvesting soll in diesem Zusammenhang als innovative Ergänzung zu Venture Capital betrachtet werden. Ein weiteres Ziel der Arbeit ist somit die Auseinandersetzung mit Finanzierungen durch Venture Capital. Dadurch wird gewährleistet, dass die Untersuchung des Crowdinvesting vor einem gesamtwirtschaftlichen Hintergrund durchgeführt und eingeordnet wird.

Dementsprechend ist die Studie folgendermaßen aufgebaut: Zunächst erfolgt eine systematische Untersuchung der Finanzierungsformen Venture Capital und Private Equity, bzw. des deutschen Wagnis- und Beteiligungskapitalmarktes. Beginnend bei einer einführenden Definition und Abgrenzung von Venture Capital zu Private Equity, erstreckt sich die Untersuchung im weiteren Verlauf auf die im Markt beteiligten Akteure sowie die gesamtwirtschaftliche Bedeutung von Wagnis- und Beteiligungskapital. Des Weiteren sollen die Finanzierungsphasen und der Finanzierungsprozess sowie rechtliche und steuerliche Rahmenbedingungen analysiert werden. Das dritte Kapitel widmet sich inhaltlich der Untersuchung des aktuellen Umfelds und der aktuellen Lage im Private Equity und insbesondere im Venture Capital-Sektor. Im besonderen Maße, wird dabei der deutsche Wagniskapitalmarkt auf der Grundlage statistischer Messgrößen ausgewertet und beurteilt. Schwerpunkt der Arbeit bildet die in Kapitel 4 durchgeführte Untersuchung des neuartigen Instruments Crowdinvesting. Zunächst wird die allgemeine Funktionsweise des Crowdinvesting erläutert. Anschließend sollen die derzeit im Markt aktiven Crowdinvestingplattformen, auf denen der gesamte Investitionsprozess stattfindet, hinsichtlich Regularien, Aktivitäten und durchgeführter Transaktionen verglichen werden. Des Weiteren soll festgestellt werden, für welche Unternehmen Crowdinvesting eine geeignete Alternative darstellt und wie die Entwicklungschancen des Marktes eingeschätzt werden können. Ein Vergleich der Finanzierungsformen Venture Capital und Crowdinvesting ist Gegenstand des fünften Kapitels. Am Ende sollen vor allem folgende Fragen beantwortet werden: Wie ist die derzeitige Lage des deutschen Wagniskapitalmarktes zu beurteilen? Welche Probleme können bei Venture Capital-Finanzierungen auftreten? Wie funktioniert Crowdinvesting? Wie ist die derzeitige Rechts- und Marktlage? Für welche Unternehmen ist Crowdinvesting eine Alternative zu Venture Capital, falls es überhaupt eine ist? Welches Potenzial steckt im Crowdinvesting und kann es als innovative Ergänzung zu Venture Capital eingestuft werden?

2. Venture Capital und Private Equity: Funktionsweisen und Strukturen

Im folgenden Kapitel soll zunächst eine Definition und ein Überblick der grundlegenden Eigenschaften von Venture Capital gegeben werden. Im Fokus liegen die Ziele und Eigenschaften der beteiligten Marktteilnehmer sowie die unterschiedlichen Finanzierungsphasen und deren Auswirkungen auf den Prozess der Venture Capital-Finanzierung. Mit einer Untersuchung der gesamtwirtschaftlichen Bedeutung von Venture Capital und den steuerlichen und rechtlichen Rahmenbedingungen wird das Kapitel abgeschlossen.

2.1 Definition und Eigenschaften von Venture Capital

Venture Capital beschreibt im deutschen eine externe Eigenkapitalfinanzierung bei risikoreichen Projekten. Der englische Begriff wird wörtlich ins deutsche mit Wagniskapital übersetzt. Venture Capital lässt sich somit als eine Form des Beteiligungskapitals mit erhöhtem Risiko definieren, weshalb auch der Begriff Risikokapital in der Literatur Verwendung findet.[2] Ein weiterer Ansatz betrachtet Venture Capital schlicht als Beteiligungskapital, das in ein Unternehmen investiert wird, um bestimmte Entwicklungen zu bewirken. Manche sehen die Definition Beteiligungskapital als zu allgemein und unzureichend spezifiziert an. Auch die Übersetzung Wagniskapital wird teilweise als irreführend betrachtet, da sie hohe Unkalkulierbarkeit und mangelnde Seriosität suggeriert[3]. Der Bundesverband deutscher Kapitalbeteiligungsgesellschaften verwendet an manchen Stellen die Übersetzung Wagniskapital, bleibt in der Regel aber beim englischen Begriff Venture Capital[4]. Diesem Ansatz folgend, wird im weiteren Verlauf auf weitere Differenzierungen verzichtet und einfach der Ausdruck „Venture Capital" oder die Abkürzung „VC" verwendet.

Venture Capital ist Kapital, das einem Unternehmen, in einer frühen Phase, für die Wachstumsunterstützung zur Verfügung gestellt wird. Dabei handelt es sich, wie in Abbildung 1 ersichtlich, um eine Form der Außenfinanzierung, als Alternative zu einer Kreditfinanzierung. Gleichzeitig stellt es eine Eigenfinanzierung dar, da die finanziellen Mittel zwar von Dritten zur Verfügung gestellt werden, in ihrem Charakter aber aufgenommenem Eigenkapital entsprechen.[5]

---

[2] Vgl. Heinen, J.: Bewertungskriterien in der Venture Capital Finanzierung, Hamburg: Diplomica 2012, S.12.
[3] Vgl. Leopold, G.; Fronmann, H.: Eigenkapital für den Mittelstand, München: C.H. Beck 1998, S.4.
[4] Vgl. Bundesverband Deutscher Kapitalbeteiligungsgesellschaften (Hrsg.), o.J.: Venture Capital. URL: http://www.bvkap.de/privateequity.php/cat/36/aid/461/title/Venture_Capital_Wagniskapital (abgerufen am: 12.11.2012).
[5] Vgl. Heinen 2012, S.14f.

Abb. 1: Darstellung unterschiedlicher Finanzierungsmöglichkeiten

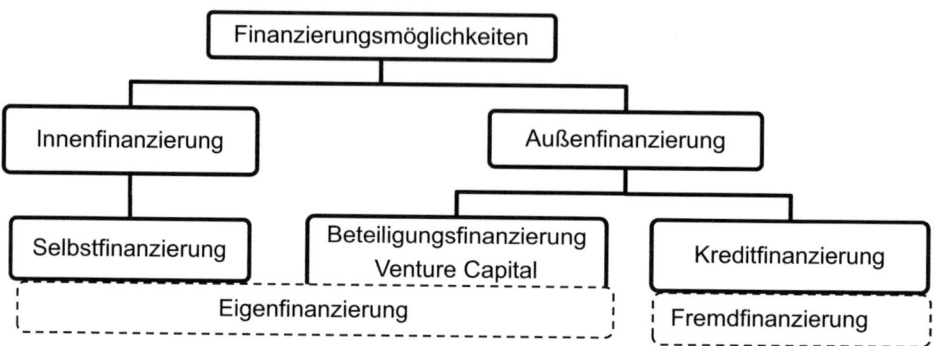

Quelle: Eigene Darstellung in Anlehnung an: Heinen, J.: Bewertungskriterien in der Venture Capital Finanzierung, Hamburg: Diplomica 2012, S.14.

Darüber hinaus, kann man zwischen direkter und indirekter Kapitalbeteiligung unterscheiden. Eine direkte Beteiligung an jungen Wachstumsunternehmen erfolgt ohne zwischengeschaltete Institutionen, wie Venture Capital-Gesellschaften. Indirekte Beteiligungen sind in Deutschland eher die Regel und differenzieren sich nach Projekt- und fondsorientierten Ansätzen. Beim projektorientierten Ansatz wird zu Beginn nach geeigneten Investitionsmöglichkeiten gesucht. Die Beteiligungszusage erfolgt häufig vor der Kapitalakquisition. Erst im Anschluss, wird nach geeigneten Investoren gesucht. Der fondsorientierte Ansatz verhält sich exakt gegensätzlich und ist zunächst auf die Zusammenstellung einer Investorenliste gerichtet. In einem zweiten Schritt erfolgt die Auswahl geeigneter Beteiligungsunternehmen.[6] [7] Der beschriebene Unterschied wird in Abbildung 2 nochmals vergleichend dargestellt.

Weitere Definitionen und Beschreibungen des Wesens von Venture Capital, lassen sich in Form eines Vergleichs mit einer Fremdkapitalfinanzierung durch Inanspruchnahme eines Bankdarlehens treffen. Der VC-Geber führt dem VC-Nehmer, ohne Stellung von Sicherheiten seitens des VC-Nehmers, langfristig Kapital zu. Die Langfristigkeit unterliegt keiner festen Zeitangabe und unterscheidet sich auch je nach Zeitpunkt des Venture Capital Prozesses sowie Art und Gestaltung des kapitalaufnehmenden Unternehmens. In der Literatur findet man teilweise Zeitdauerangaben von drei bis fünf Jahren, andere Autoren definieren einen weitaus längeren Zeitraum von mindestens fünf bis zehn Jahre[8]. Der VC-Nehmer erhält haftendes Eigenkapital, zu dessen Rückzahlung oder Verzinsung er nicht verpflichtet ist. Der VC-Geber nimmt somit nicht wie eine Bank eine Gläubigerposition ein, sondern wird mit seiner Beteiligung haftender Partner des VC-Nehmers. Die Höhe der Beteiligung kann da-

---

[6] Vgl. Heinen 2012, S.15.
[7] Vgl. Schefczyk, M.: Finanzieren mit Venture Capital und Private Equity, 2. Aufl., Stuttgart: Schäffer-Poeschel 2006, S. 12 f.
[8] Vgl. Weitnauer, W.: Handbuch Venture Capital, München: C.H. Beck 2000, S.5, Vgl. Schefczyk, 2006, S.10.

bei ebenfalls stark variieren, je nachdem ob etwa ein einzelner privater Kapitalgeber das Unternehmen finanziert oder aber eine Venture Capital-Gesellschaft als Minderheitsgesellschafter mit Beteiligungsquoten unter 50% eintritt. Minderheitsbeteiligungen sind zumeist die Regel und werden als prägende Charakteristik von VC-Finanzierungen gesehen. Eine weiterer Aspekt, der Venture Capital gegenüber einer Fremdkapitalfinanzierung durch Kreditinstitute unterscheid, ist das der VC-Geber häufig aktive Managementunterstützung leistet. Diese kann von einfachen beratenden Tätigkeiten, bis hin zum aktiven Mitwirken an konkreten Projekten des VC-Nehmers reichen. Darüber hinaus fordern VC-Gesellschaften häufig Kontroll- und Mitspracherechte ein. Zum einen wird dadurch die unterstützende Funktion weiter verstärkt und intensiviert, zum anderen dienen solche Rechte der Kontrollfunktion, dass das Portfoliounternehmen auch im Interesse der VC-Gesellschaft und letztlich im Interesse der Investoren handelt und die bereitgestellten Gelder für den vereinbarten Zweck verwendet werden. Kontroll- und Mitspracherechte leisten einen erheblichen Beitrag, um die mit der Investition eingegangen Risiken kontrollieren und steuern zu können.[9]

Abb. 2: Vergleich möglicher Beteiligungsunterformen

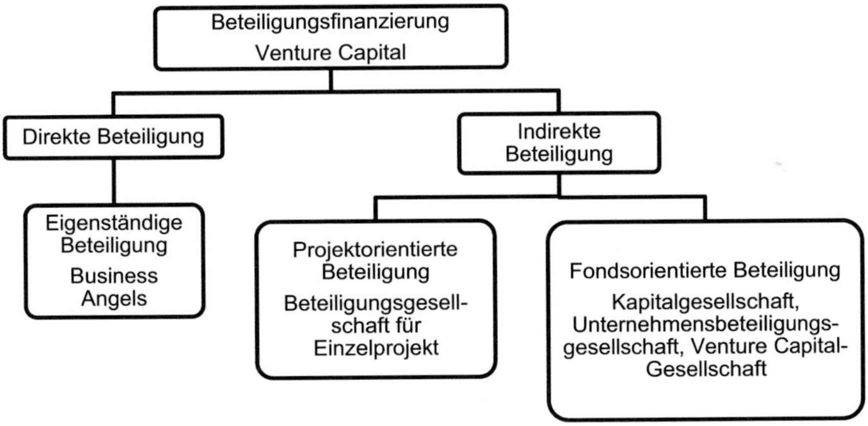

Quelle: Eigene Darstellung in Anlehnung an: Schefczyk, M.: Finanzieren mit Venture Capital und Private Equity, 2. Aufl., Stuttgart: Schäffer-Poeschel 2006, S. 12.

Der Vergleich von Eigenkapital bzw. Beteiligungskapital, gegenüber Fremdkapital, soll an dieser Stelle nochmals tabellarisch Erfolgen. Die Auflistung soll dabei einen Überblick der Unterschiede, vor dem Hintergrund von Venture Capital bzw. Private Equity-Finanzierungen geben.

---

[9] Vgl. Weitnauer 2000, S.5.

Tab. 1: Vergleich von Eigenkapital und Fremdkapital vor dem Hintergrund von Venture Capital und Private Equity-Finanzierungen

Eigenkapital (Venture Capital/Private Equity)	Fremdkapital
Mittel- bis langfristige Bereitstellung von haftendem Eigenkapital	Bereitstellung von nichthaftendem Fremdkapital
Stärkt Kapitalbasis und fördert Entwicklung des Unternehmens	Erfordert positive Cashflows zur Bedienung und im Idealfall ein ausgeglichenes EK/FK Verhältnis
Nachrangig, Investor kann sein aufgebrachtes Kapital verlieren	Wird bei Insolvenz vorrangig bedient
Venture Capital/ Private Equity Investor, gibt Managementunterstützung und wird „Partner" des Unternehmens	Falls Unterstützung vom FK-Geber gestellt wird, kann diese stark variieren.
Returns abhängig von Wachstum und Erfolg des Unternehmens	Returns abhängig davon, wie das Unternehmen die Zins und Tilgungszahlungen bedient
Bereitstellung der Mittel häufig bis zum Exit/Veräußerung	Fremdkapital wird nur gegen Stellung hoher Sicherheiten gewährt

Quelle: Eigene Darstellung in Anlehnung an: BVCA/Price Waterhouse Coopers, 2004: A Guide to PrivateEquity.http://www.bplans.co.uk/common/resources/pdfs/A_Guide_to_Private_Equity_BVCA.pdf (abgerufen am 12.11.2012).

Betrachtet man die am häufigsten auftretende Form der indirekten Beteiligung genauer, so lassen sich drei Akteure ausmachen, nämlich der VC-Geber, die Venture Capital-Gesellschaft und der VC- Nehmer. Die Venture Capital-Gesellschaften fungieren dabei als Intermediäre und bringen Kapitalangebot und Kapitalnachfrage zusammen. Vor diesem Hintergrund, werden Kapitalnehmer auch als Portfoliounternehmen der VC-Gesellschaften bezeichnet.[10] Die einzelnen Gesellschaften können sich dabei stark unterscheiden und je nach Ausrichtung unterschiedliche Ansätze der VC-Finanzierung verfolgen. Abbildung drei stellt die Beteiligten Akteure und deren Beziehungen zueinander nochmals grafisch dar.

Abb. 3: Akteure der häufigsten Form der indirekten Venture Capital-Finanzierung

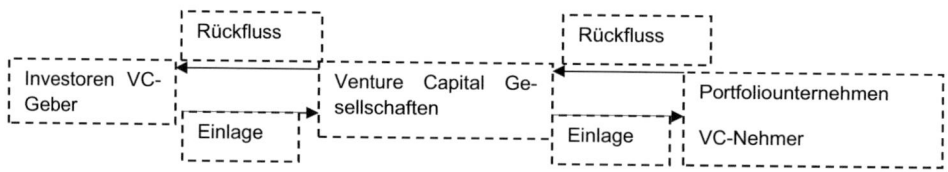

Quelle: Eigene Darstellung des Verfassers

---

[10] Vgl. Schefczyk 2006, S.7.

16

2.2 Abgrenzung von Venture Capital zu Private Equity

Die Definition und Abgrenzung von Private Equity zu Venture Capital, ist nicht ganz eindeutig zu vollziehen. So werden die Begriffe in der Literatur häufig als Synonyme verwendet.[11] Genauer betrachtet, stellt Venture Capital die Frühphasenfinanzierung, in größerem Maßstab auch Finanzierungen späterer Phasen von Unternehmen dar, während Private Equity mehr die Expansion und Überbrückung, bis hin zum Verkauf finanziert.[12] Venture Capital wird dadurch als Teilbereich von Private Equity betrachtet. Es lässt sich auch die Unterscheidung Beteiligungskapital für Private Equity und Wagniskapital für Venture Capital finden.[13]

Abb. 4:   Darstellung von Beteiligungskapital

Venture Capital		Private Equity	
Early-stage Finanzierungen	Later-stage Finanzierungen	Expansion	Buy-outs

Quelle: Eigen Darstellung des Verfassers.

Da die vorliegende Studie sich zum Ziel gesetzt hat Crowdinvesting, also überwiegend die Frühphasenfinanzierung von Unternehmen, als innovative Finanzierungsform zu untersuchen, liegt es nahe, eine Abgrenzung der Begriffe anzuwenden. Daher sollen die Begriffe Venture Capital und Private Equity separat betrachtet und analysiert werden. Gesamtwirtschaftliche Analysen und Marktausblicke sowie Abbildungen und Tabellen, beziehen sich, wenn nicht weiter differenziert wird, sowohl auf Private Equity als auch auf Venture Capital, da hier häufig keine Untergliederung erfolgt und Venture Capital als Teil von Private Equity in den Erhebungen integriert ist.

Tabelle zwei gibt nochmals einen Überblick einiger Unterscheidungskriterien. Wie bereits ausgeführt, sind die Übergänge häufig verschwommen und nicht immer exakt definiert.

---

[11] Vgl. Schefczyk 2006, S5.
[12] Detaillierte Ausführungen zu den Unternehmensphasen in Kapitel 2.6.
[13] Vgl. Voigtmann, M., o.J.: Häufige Fragen nebst Antworten zu Venture Capital und Private Equity. http://www.wagniskapitalfonds.de/faq-venturecapital.htm (abgerufen am 16.11.2012).

Tab. 2: Vergleich von Venture Capital und Private Equity

Venture Capital	Private Equity
Außerbörsliches Beteiligungskapital mit dem Ziel, den Wert des Unternehmens in das investiert wird zu steigern und durch einen späteren Verkauf der Anteile einen Kapitalgewinn zu erzielen	Außerbörsliches Beteiligungskapital mit dem Ziel, den Wert des Unternehmens in das investiert wird zu steigern und durch einen späteren Verkauf der Anteile einen Kapitalgewinn zu erzielen
Teilbereich von Private Equity	Oberbegriff von Beteiligungskapital
Frühphasenfinanzierung in junge, wachstumsstarke Unternehmen, häufig aus dem Technologiesektor.	Finanzierungsbeginn auch in späteren Phasen, auch bei bereits etablierten Unternehmen des Mittelstands.
Durch den frühen Investitionszeitpunkt sehr hohes Risiko, aber auch sehr hohe Renditechancen	Das investierte Unternehmen besitzt meist schon einen gewissen Reifegrad. Dennoch hohes Risiko.
Informelles Venture Capital durch einzelne, private Kapitalgeber (Business Angels)	Anlagesummen häufig zu hoch für Business Angels

Quelle: Eigene Darstellung des Verfassers

2.3   Bedeutung und Ziele von Venture Capital

Nachdem nun eine grundlegende Definition und Betrachtung der Eigenschaften von Venture Capital erfolgt ist, untersucht das folgende Kapitel erstens die Bedeutung von VC- Finanzierungen und zweitens die Ziele der beteiligten Akteure. Dabei liegt der Fokus auf einer separaten Betrachtung für VC- Geber, also den Investoren, VC-Gesellschaften und VC-Nehmern.

2.3.1 Bedeutung und Ziele der Venture Capital-Geber

Allgemein formuliert, ist das Ziel der VC-Geber die Erzielung einer angemessenen Rendite. Dabei wird Kapital nicht unter Annahme der Teilhabe an Verzinsungen oder Gewinnen zur Verfügung gestellt, sondern in Erwartung einer Wertsteigerung der Beteiligung. Diese Wertsteigerung tritt ein, wenn sich das Unternehmen über die nächsten Jahre erfolgreich am Markt etabliert, bzw. das geförderte Projekt erfolgreich war und zur Wertsteigerung des Unternehmens beiträgt. Der Ausstieg erfolgt durch den sogenannten Exit, welcher in unterschiedlicher Weise erfolgen kann. So wird ein Börsengang (going puplic) des Unternehmens, als eleganteste und zuweilen auch erfolgreichste Variante gesehen, da hierdurch der Zugang zum Kapitalmarkt und der Weg in den öffentlichen Fokus erreicht werden. Andere Wege des Exits sind der Verkauf der Anteile an andere Investoren oder der Rückkauf der Anteile durch Altgesellschafter. Der Prozess des Ausstiegs wird auch als Divestment bezeichnet.[14]

---

[14] Vgl. Weitnauer 2000, S.6f.

Es gibt unterschiedliche VC-Geber, die im Vergleich auch differenzierte Interessen aufweisen. Im Allgemeinen sind dies der Staat, Privatanleger, institutionelle Investoren wie Kreditinstitute oder Versicherer und Industrieunternehmen.

- Staatliche Beteiligungen dienen der Förderung und Unterstützung von Unternehmensgründungen und werden aus wirtschaftspolitischen Gründen eingegangen. Diese können die Förderung von Innovationskraft, die Unterstützung bestimmter regionaler Industrien oder die Schaffung neuer Arbeitsplätze sein.[15]
- Private Investoren, treten als Business Angels als Investoren auf und versorgen Gründerfirmen mit Kapital. Häufig haben solche Investoren auch Erfahrungen in der jeweils geförderten Branche und stellen ihr Know-How zur Verfügung. Business Angels agieren auf dem sogenannten informellen Markt für Venture Capital.
- Institutionelle Investoren sammeln ihr Kapital in der Regel in Fonds, aus denen ausgewählte Investments finanziert werden. Häufig stehen risikopolitische Überlegungen im Vordergrund der Investitionen. So können Banken durch Vergabe von Venture Capital an ihre Kunden, ihre bestehenden Risiken mindern, die Eigenkapitalbasis des Kunden stärken und erweiterte Informations-, und Kontrollrechte generieren.[16]
- Das Interesse von industriellen Investoren als VC-Geber aktiv zu werden, liegt häufig in der Schaffung von Synergieeffekten begründet. Strategische Ziele sind hier der Zugang zu neuen Innovationen und Technologien sowie zu Forschungs- und Entwicklungskapazitäten. Häufig tritt hierbei der Renditeaspekt in den Hintergrund.[17]

2.3.2 Bedeutung und Ziele der Venture Capital-Nehmer

Ziel der VC-Nehmer ist die Kapitalbeschaffung. Mit dem erhaltenen Kapital werden meist Wachstum oder bestimmte Forschungen finanziert. Als typische VC-Nehmer werden meist Neugründungen aus dem Technologiebereich, insbesondere Biotechnologie oder Informationstechnologie gesehen. In einer erweiterten Betrachtung, dient Venture Capital aber auch der Finanzierung von Neugründungen bzw. Forschungs- und Produktfinanzierungen von Unternehmen aus anderen Branchen. Neben dem Ziel Kapital zu möglichst günstigen Konditionen zu erhalten, lassen sich weitere Ziele, die sich vor allem auf die laufende Finanzierungsphase beziehen, identifizieren. So werden zum Schutze der Selbstständigkeit und Unabhängigkeit Minderheitsbeteiligungen angestrebt. Darüber hinaus ist eine zeitlich festgelegte Beteiligungsdauer als Ziel auszumachen, wodurch eine gewisse Planungssicherheit gewährleistet wird. Die angestrebten Ziele sind zumeist kongruent mit den Zielen der Venture Capital-Gesellschaften und der VC-Geber. So sind Minderheitsbeteiligungen

---

[15] Vgl. Engelmann, A.; Juncker, K.; Natusch, I.; Tebroke, H.: Moderne Unternehmensfinanzierung, Frankfurt am Main, Fritz Knapp Verlag 2000, S.43.
[16] Vgl. Weitnauer 2000, S8.
[17] Vgl. Schefczyk 2006, S.20.

mit unterschiedlich ausgestatteter Mitspracherechte der Kapitalgeber die Regel und werden als Grundprinzip der VC-Finanzierungen betrachtet. Das Ziel der zeitlich festgelegten Kapitalbindungsdauer wird in der Regel dadurch gewährleistet, dass die Desinvestition der Geschäftsanteile nicht durch Kündigung, sondern durch Veräußerung vollzogen wird. Weitere Ziele sind eher allgemeinbetriebswirtschaftlicher Natur, wie die Überwindung finanzieller Defizite, Ressourcenknappheit und Insolvenzrisiken. Auch die durch das erhaltene Eigenkapital verbesserte Möglichkeit der Fremdfinanzierung, ebenso wie der Erhalt von Wissen und Managementfertigkeiten durch die VC-Geber, können als weitere Ziele definiert werden.[18] [19]

2.3.3 Bedeutung und Ziele der Venture Capital-Gesellschaften

VC-Gesellschaften haben einerseits als Intermediäre zwischen Kapitalgeber und Kapitalnehmer, andererseits als eigenständiges, gewinnorientiertes Unternehmen, eine zentrale Rolle bei Venture Capital-Finanzierungen. Der Erfolg von VC-Gesellschaften ist stark von der Entwicklung der aufgenommenen Portfoliounternehmen abhängig. Im Allgemeinen, lassen sich derivative und originäre Ziele unterscheiden. Dabei ergeben sich derivative Ziele aus dem Interessenausgleich zwischen VC-Geber und Nehmer. Dieser ist Grundvoraussetzung um Transaktionen zu ermöglichen. Derivative Ziele sind somit der Ausgleich zwischen den Rendite und Sicherheitsinteressen der Investoren und den Anforderungen der Kapitalnehmer. Als originäre Ziele lassen sich Effizienzziele im Geschäftsbetrieb und Vergütungsziele für die erbrachten Dienstleistungen ausmachen.[20]

2.4 Historische Entwicklung von Venture Capital

An dieser Stelle soll ein entwicklungshistorischer Überblick von Venture Capital gegeben werden. Schwerpunktmäßig sollen die Prozesse in den USA und in Deutschland nachvollzogen werden.

2.4.1 Die historische Entwicklung von Venture Capital in den USA

Als Ausgangspunkt der modernen Venture-Capital Geschichte, lässt sich das Jahr 1946 ausmachen. In den USA wurde die American Research and Development (AR&D) gegründet und unternahm die ersten Beteiligungsfinanzierungen. Neben der Eigenkapitalunterstützung, bot die Gesellschaft auch Managementunterstützung und verhalf auf dieser Weise Unternehmen wie der Digitial Equipment Corporation (DEC) zu großem Erfolg (Verkaufserlös der Beteiligung 1971 für 255 Mio. Dollar).[21] Die weitere Entwicklung wurde in den 1960er Jahren durch das Small Business Investment Companies (SBIC) Programm positiv beeinflusst. So verabschiedete der Kongress

---

[18] Vgl. Schefczyk 2006, S.22f.
[19] Vgl. Weitnauer 2000, S.5f.
[20] Vgl. Schefczyk 2006, S.20f.
[21] Vgl. Bundesverband Deutscher Kapitalbeteiligungsgesellschaften (Hrsg.), o.J.: Die Geschichte von Private Equity. URL: http://www.wir-investieren.de/was-ist-private-equity/die-geschichte-von-private-equity/# (abgerufen am 23.11. 2012).

einen Entwurf, nachdem SBICs als private Beteiligungsgesellschaften gegründet wurden und unter Aufsicht der Small Business Administration (SBA), einer behördlichen Organisation der US-Regierung, verbesserten Zugang zu günstigen, staatlich garantierten Finanzierungsmittel bekamen, anhand derer die SBICs ihr privates Beteiligungskapital aufstocken konnten.[22] In den späten 60er Jahren verloren viele SBICs durch Missmanagement ihren guten Ruf, so dass ihr Anteil 1989 nur noch rund 1% betrug.[23] Aufgrund regulatorischer Anpassungen seitens der SBA, die eine Umwandlung der Finanzierungsbeiträge von Darlehen in „Preferred Equity" sowie erhöhten Richtlinien zur Eigenkapitalausstattung der SBICs, konnte der negative Entwicklungstrend gestoppt werden. SBICs versorgen heute junge Unternehmen mit Eigenkapital, langfristigen Darlehen und Managementunterstützung, wodurch sie durchaus eine Rolle, als Venture Capital-Geber, mit staatlich geförderten Begünstigungen, aber auch strikteren Regularien erfüllen.[24] [25]

In den 1970er und 1980er Jahren setzte die Venture Capital Industrie ihre Entwicklung fort. In dieser Zeit, setzte eine Konzentration von Venture Capital geförderten Unternehmen im kalifornischen Silicon Valley und bei Boston im Bundesstaat Massachusetts ein. Staatliche Maßnahmen, wie die Senkung des Steuersatzes für Veräußerungsgewinne von 49,5% im Jahr 1978, auf 20% im Jahr 1981 begünstigten die Entwicklung. Darüber hinaus, förderten günstige wirtschaftliche Rahmenbedingungen, wie die einsetzende konjunkturelle Belebung, technische Neuentwicklungen und niedrige Zinsen den Venture Capital Markt.[26] [27]

2.4.2 Die historische Entwicklung von Venture Capital in Deutschland

Die Entwicklung begann in Deutschland mit der Gründung der ersten Beteiligungsgesellschaften in den 1960er Jahren. Allerdings wurde zumeist nur in bereits etablierte, mittelständische Unternehmen investiert. Mit der Gründung der deutschen Wagnisfinanzierungsgesellschaft mbH (WFG), der 27 Kreditinstitute angehörten, wurden die ersten Versuche unternommen, Early-stage Venture Capital, also Frühphasenfinanzierung von Unternehmen, zu fördern. In den 1980er Jahren, etablierte sich immer mehr das Modell der amerikanischen Venture Capital-Finanzierung in Deutschland, jedoch war der Markt bei weitem noch nicht ausgereift und viele Projekte scheiterten. Mit der Gründung des Bundesverbands deutscher Beteiligungsgesellschaften im Jahr 1988 bekam der Markt mehr Struktur und regelmäßig durchgeführte statistische Marktanalysen sorgten für eine stetige Professionalisierung des Marktes. Anfang der 90er trat im Zuge der ersten Konsolidierungen im Private Equity Markt eine Selektion der Marktteilnehmer und gleichzeitig eine Spezialisierung einiger Gesell-

---

[22] Vgl. Haemmig, M.: The Globalization of Venture Capital, Bern: Verlag Paul Haupt 2003, S.42ff.
[23] Vgl. Leopold; Fronmann 1998, S.220ff.
[24] Vgl. Small Business Notes (Hrsg.), o.V., o.J.: Small Business Investment Companies. URL: http://www.smallbusinessnotes.com/business-finances/small-business-investment-companies-sbics.html (abgerufen am 24.11.2012).
[25] Vgl. Lake, R.; Lake, A.R.: Private Equity and Venture Capital, London: Euromoney Books 2000, S.6f.
[26] Vgl. Leopold; Fronmann 1998, S.222f.
[27] Vgl. Small Business Notes (Hrsg.), o.V o.J., online.

schaften auf die Frühphasenfinanzierung auf. Nach einer Konsolidierungsphase zu Beginn der 90er Jahre, setzte ein erneuter Aufschwung auf dem Venture Capital Markt ein. Die gute Börsenstimmung sorgte für ein attraktives Umfeld, Beteiligungsdesinvestitionen anhand eines Börsengangs zu vollziehen. Die Gründung des Neuen Marktes verstärkte diese Wirkung noch, so dass die Summe getätigter Frühphasenfinanzierungen rasant anstieg und im Jahr 2000 mit einem Anteil von 40% der Venture Capital-Investitionen einen Höhepunkt erreichte. [28] [29] Mit dem Platzen der Dot.com-Blase und der damit einhergehenden Baisse an den Aktienmärkten, verlor auch der Venture Capital Markt an Schwung. So betrug das investierte Kapital im Jahr 2003 0,7 Mrd. €, im Vergleich zu 3,7 Mrd. € im Jahr 2000 also nur noch ein Fünftel der Summe.

2.5 Gesamtwirtschaftliche Bedeutung von Venture Capital und Private Equity

Der gesamtwirtschaftliche Einfluss, den Venture Capital hat, hängt von der Struktur und dem Entwicklungsstand der Wirtschaft des jeweiligen Landes oder der jeweiligen Region ab. Primärer und allgemeinwirtschaftlicher Nutzen von Venture Capital ist die Schließung der Eigenkapitallücke von kleinen, häufig neugegründeten Unternehmen. Dadurch werden Wachstum und Wettbewerb gefördert und neue Arbeitsplätze entstehen. Auch die Innovationsfähigkeit und nicht zuletzt die Attraktivität bestimmter Ortschaften und Regionen, können durch Venture Capital-Finanzierungen gesteigert werden.[30] Die gesamtwirtschaftliche Relevanz steht dabei in einem engen Zusammenhang mit der Bedeutung kleiner und mittlerer Unternehmen (KMU), da diese Unternehmen Hauptnehmer von Venture Capital und Private Equity sind.[31]

So sind laut dem Institut für Mittelstandsforschung in Bonn, im Jahr 2011, 79,2 % (21.4 Millionen) aller Beschäftigten in KMU angestellt gewesen. Des Weiteren waren 83,2 % (1,29 Millionen) aller Auszubildenden in Betrieben der KMU tätig. Der Unternehmensbestand in der gewerblichen Wirtschaft und in freien Berufen, betrug im Jahr 2012 3,7 Millionen, von denen 99, 6% (3,68 Millionen) den kleinen und mittleren Unternehmen angehörten. [32] Abbildung fünf verdeutlicht nochmals die Bedeutung der KMU in Deutschland. Die Daten beziehen sich auf das Jahr 2010.

Wie aus der Abbildung ersichtlich, haben über 80 % der Unternehmen in der gewerblichen Wirtschaft und in freien Berufen weniger als 10 Mitarbeiter. Eventuelle Neugründungen oder das Fördern von neuen Ideen und Forschungsprojekten, können in

---

[28] Vgl. Frommann, H.; Dahmann, A, 2005: Bundesverband deutscher Kapitalbeteiligungsgesellschaften. Zur Rolle von Private Equity und Venture Capital in der Wirtschaft 2005, S.12. URL: http://www.factbook.at/cgi-bin/images/pdf/ZTP/318.pdf (abgerufen am 29.11.2012).
[29] Vgl. Müller, M., o.J.: Historische Entwicklung des deutschen Venture Capital Marktes. http://www.venture-capital-finanzierung.de/seite-14.html (abgerufen am 29.11.2012).
[30] Vgl. Schefczyk 2006, S.16.
[31] Als KMU gelten Unternehmen mit weniger als 500 Beschäftigten und weniger als 500 Millionen € Jahresumsatz.
[32] Vgl. Institut für Mittelstandsforschung Bonn, 2012a: Kennzahlen zum Mittelstand 2010/2012 in Deutschland. URL: http://www.ifm-bonn.org/index.php?id=99 (abgerufen am 30.11.2012).

diesem Bereich durch Venture Capital-Finanzierungen erfolgen. Allerdings muss auch die Besitzerstruktur der deutschen Klein-und mittelständischen Unternehmen berücksichtigt werden. Gut 95 % der KMU befinden sich im Familienbesitz. Die Fortführung der Tradition des Familienunternehmens, aber auch der Wunsch nach Unabhängigkeit, können der Aufnahme externer Kapitalgeber entgegen stehen und dazu führen, dass geeignete Kandidaten aus Sicht von Kapitalanbietern nicht den Wunsch haben, ihre Finanzstruktur durch Private Equity oder Venture Capital zu erweitern.

Abb. 5: Betriebe und deren Beschäftigte und Auszubildende nach Beschäftigungsklassen im Jahr 2010

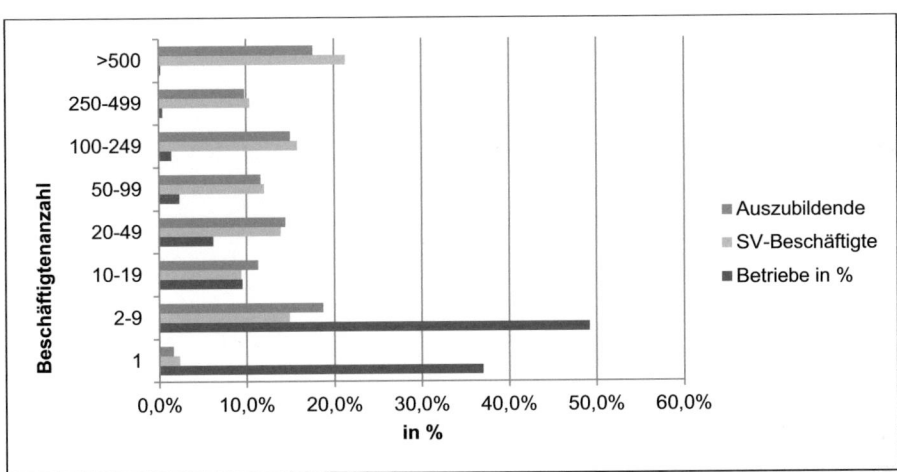

Quelle: Eigene Darstellung in Anlehnung an: Institut für Mittelstandsforschung Bonn, 2012b: Ergebnisse aus der Beschäftigungsstatistik der BA. URL: http://www.ifm-bonn.org/index.php?id=108 (abgerufen am 30.11.2012).

Des Weiteren leisten KMU einen erheblichen Beitrag zur strukturellen Veränderung einer Volkswirtschaft, indem Sie eher als andere Unternehmen auf sich ändernde Bedingungen reagieren. Die dadurch zu Stande kommenden sprunghaften Innovationen, sorgen für eine schnelle Anpassung der Wirtschaft, im Gegensatz zu Großkonzernen, die meist nur an einer schrittweisen Weiterentwicklung bestehender Produkte und Lösungen interessiert sind. Es bleibt anzumerken, dass häufig geringe Ressourcenausstattung, die Unternehmen in ihrem Forschungs- und Innovationsbestreben hemmt. Auch zu berücksichtigen ist, dass Innovationsforschung nur von einem kleinen Teil der Unternehmen, nämlich den tatsächlich technologieorientierten, geleistet wird.[33]

Die gesamtwirtschaftliche Bedeutung von Venture Capital und Private Equity, lässt sich in einer Betrachtung, unabhängig der KMU-Struktur eines Landes, weiter spezi-

---

[33] Vgl. Schefczyk 2006, S.16ff.

23

fizieren. Laut Joseph Schumpeter, ist der Prozess der „kreativen Zerstörung", Grundlage für die Entwicklung einer Volkswirtschaft.[34] Erfindungen und Innovationen neuer Produkte, Technologien und Service-Leistungen, führen zu einer Veränderung bestehender Märkte. Einige Unternehmen entwickeln sich erfolgreich, andere scheitern und bilden die Grundlage für weiteres Wachstum der Konkurrenten. Venture Capital und Private Equity-Finanzierungen, in Form von Beteiligungen durch spezialisierte Gesellschaften oder Business Angels, können in einer Volkswirtschaft diesen Prozess unterstützen und vorantreiben. Venture Capital und Private Equity beeinflussen auch regionale Strukturen eines Landes. So suchen sich junge Technologieunternehmen meist Standorte mit direkter Nähe zu wissenschaftlichen Einrichtungen, Unternehmen derselben Branche und potenziellen Kapitalgebern. Dies ist auch eine Erklärung für die Ballungsräume Boston, mit dem berühmten Massachusetts Institute of Technology (MIT) und dem Silicon Valley in Kalifornien. Tabelle 3 zeigt die fünf Staaten mit den meisten getätigten VC-Transaktionen im Jahr 2011.

Tab. 3: Top 5 US-Staaten nach Venture Capital-Investitionen im Jahr 2011

Staat	Unternehmen	Investitionen in Mrd. $
Kalifornien	1256	14.7
Massachusetts	316	3,0
New York	265	2,3
Texas	132	1,5
Illinois	78	0,7
Total	2047	22,1

Quelle: Eigene Darstellung in Anlehnung an: National Venture Capital Association, Yearbook 2012, S.26. URL: http://www.nvca.org/index.php?option=com_content&view=article&id=257&Itemid=103 (abgerufen am 30.11.2012).

Die angesprochenen Regionen durchlaufen meist einen rapiden Wandel. So waren im Silicon Valley in den1950er rund 100.000 Menschen beschäftigt.1985 waren es bereits 750.000 und jedes Jahr kamen rund 40.000 weitere Arbeitsplätze, überwiegend in den ansässigen Hightech-Unternehmen, aber auch in vielen Dienstleistungs- und sonstigen Gewerbeunternehmen, die vom Strukturwandel ebenfalls profitierten und sich im Silicon Valley niederließen hinzu.[35]

Auch in Deutschland gibt es, wenn auch in weniger imposantem Maßstab, Technologie-Cluster in bestimmten Regionen. So haben sich in den Großräumen Berlin, Hei und München, Branchenzentren der Biotechnologie herausgebildet. Cluster der In-

---

[34] Vgl. Hutzschenreuter, T.: Allgemeine Betriebswirtschaftslehre, 3. Aufl., Wiesbaden: Gabler 2009, S. 30.
[35] Vgl. Frommann, H.; Dahmann, A, 2005: Bundesverband deutscher Kapitalbeteiligungsgesellschaften. Zur Rolle von Private Equity und Venture Capital in der Wirtschaft, S.30. URL: http://www.factbook.at/cgi-bin/images/pdf/ZTP/318.pdf (abgerufen am 29.11.2012).

formations- und Kommunikationstechnologie finden sich in Berlin, Hamburg und dem Ruhrgebiet, in den Bereichen Rundfunk und Fernsehen überwiegend in München. All diese Cluster lösen Synergieeffekte auf weitere Wirtschaftsbereiche, wie auf das Bauwesen oder das Handels- und Dienstleistungsgewerbe aus.[36] Tabelle vier beleuchtet den Aufbau des Biotechnologiesektors, anhand der drei bedeutendsten deutschen Cluster.

Tab. 4: Überblick der drei bedeutendsten Biotechnologie-Cluster in Deutschland

Cluster	Berlin/Brandenburg	Heidelberg	München
Dedizierte Biotechnologieunternehmen	82	28	80
Sonstige biotechnologisch aktive Unternehmen	6	6	9
Hochschulen	6	3	3
Sonstige Forschungseinrichtungen	19	8	7
Konzentrationsgrad (Firmen je 100.000 EW)	21,7	24,2	33,3

Quelle: Eigene Darstellung in Anlehnung an: Rakau, H.: Deutschlands Biotechnologieregionen, Frankfurt: Deutsche Bank Research 2011, S.13.

Abbildung sechs verdeutlicht die Bedeutung von Venture Capital-Finanzierungen für die Biotechnologiebranche.

Abb. 6: Finanzierungsquellen aller dedizierter Biotechnologieunternehmen

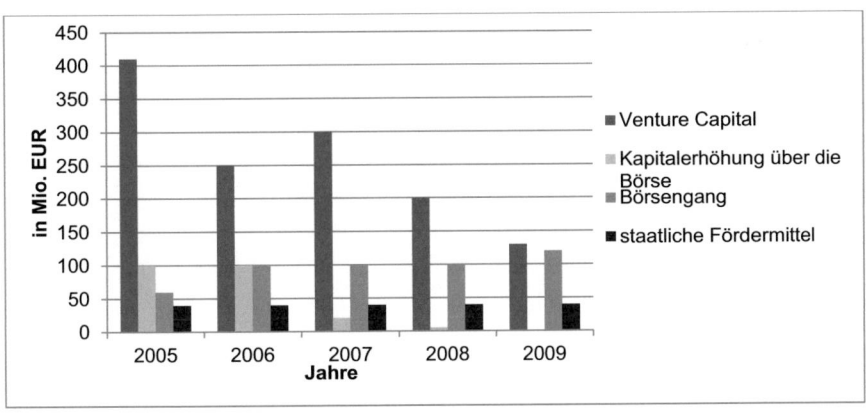

Quelle: Eigen Darstellung in Anlehnung an: Rakau, H.: Deutschlands Biotechnologieregionen, Frankfurt: Deutsche Bank Research 2011, S.13.

---

[36] Vgl. Rakau, H.: Deutschlands Biotechnologieregionen, Frankfurt: Deutsche Bank Research 2011, S.13ff.

Zusammenfassend lässt sich die gesamtwirtschaftliche Analyse folgendermaßen bewerten:

- Die Bedeutung von Venture Capital und Private Equity hängt von der KMU-Struktur eines Landes ab. Je mehr Menschen in KMU angestellt sind und je mehr Neugründungen es gibt, desto größer ist der potenzielle Investitionsbereich für Venture Capital und Private Equity-Investitionen.
- Venture Capital und Private Equity fördern den Prozess der „kreativen Zerstörung" und tragen somit zur Optimierung und Neustrukturierung wirtschaftlicher Prozesse bei.
- Regionale Strukturen werden durch Venture Capital und Private Equity-Investitionen ausgebaut und gefördert.
- Synergieeffekte führen zu positiven Entwicklungen in weiteren Wirtschaftsbranchen. Der Arbeitsmarkt und Wachstum werden stimuliert.

2.6 Die Finanzierungsphasen und der Finanzierungsprozess

Im Folgenden sollen die unterschiedlichen Finanzierungsphasen bei Venture Capital und Private Equity-Investitionen differenziert und systematisiert werden. Im Allgemeinen lassen sich hierbei die Gründungsphase (Early-Stage), die Expansionsphase (Medium-Stage) und die Reifephase (Later-Stage) unterscheiden. In der Literatur findet sich häufig eine weitere Untergliederung der Phasen.[37] Abbildung sieben stellt das Unternehmenslebenszykluskonzept grafisch dar.

---

[37] Vgl. Schefczyk 2006, S.24, Vgl. Engelmann; Juncker; Natusch; Tebroke 2000, S.44, Vgl. Frommann, H.; Dahmann, A, 2005: Bundesverband deutscher Kapitalbeteiligungsgesellschaften. Zur Rolle von Private Equity und Venture Capital in der Wirtschaft, S.7. URL: http://www.factbook.at/cgi-bin/images/pdf/ZTP/318.pdf (abgerufen am 02.12.2012).

Abb. 7: Phasen der Venture Capital und Private Equity-Finanzierung

Lebenszyklusphase	Gründungsphase		Expansionsphase	Reifephase	
	Seed	Start-up	Expansion	Bridge	Divesting
Unternehmensphasen	Produktkonzept. Grundlagenentwicklung. Forschung und Entwicklung.	Entwicklung zur Produktionsreife. Markteinführung. Marketingkonzept.	Produktionsausweitung Marktdurchdringung	Vorbereitung Börsengang oder Verkauf an Investoren	IPO MBO MBI Trade
Finanzierungsquellen	Eigene Mittel				Börse, Mitarbeiter (MBO), strategische Käufer (Trade Sale)
	Öffentliche Fördermittel				
	Informelles Beteiligungskapital (Business Angels)			Banken	
		Kapitalbeteiligungsgesellschaften und Industrieunternehmen (Venture Capital/Private Equity)			

Quelle: Eigene Darstellung in Anlehnung an: Frommann, H.; Dahmann, A, 2005: Bundesverband deutscher Kapitalbeteiligungsgesellschaften. Zur Rolle von Private Equity und Venture Capital in der Wirtschaft, S.7. URL: http://www.factbook.at/cgi-bin/images/pdf/ZTP/318.pdf (abgerufen am 02.12.2012), Vgl. Engelmann; Juncker; Natusch; Tebroke 2000, S.44.

Die Gründungsphase eines Unternehmens, gliedert sich in Phasen Seed und Start-up. In der Seedphase, liegt der Schwerpunkt der Aktivitäten auf Produktentwicklung und Forschung. Die Start-up Phase ist weiterhin durch Forschung und Entwicklung geprägt. Erste Marketingschritte und Produktionsvorbereitungen sowie der Aufbau einer geeigneten Unternehmensstruktur, sind weitere typische Prozesse. Die Gründungsphase endet, wenn das Produkt oder die Dienstleistung erstmalig am Markt angeboten wird und das Unternehmen in einer geeigneten Rechtsform an den Markt gebracht wird. Die Expansionsphase neugegründeter Unternehmen ist geprägt durch Produktionsausweitung und angestrebter Marktdurchdringung. Ist das Produkt oder die angebotene Dienstleistung erfolgreich und das Management zielführend, so wird in dieser Phase in der Regel der Break-Even-Punkt erreicht. Die Reifephase ist in der Regel durch einen abnehmenden Grenzumsatz gekennzeichnet, dessen Ursache Markteintritte neuer Konkurrenten und zunehmende Marktsättigung sind.[38] [39] Im Rahmen von Venture Capital und Private Equity-Finanzierungen, stellt die Reifephase den Beginn des Desinvestition dar. Die Überbrückungsfinanzierung, auch „Bridge" genannt, dient der Kapitalbeschaffung zur Vorbereitung eines Börsengangs oder zur Überwindung von Wachstumsschwellen, vor dem Verkauf an einen Investor. Dabei erfolgt die Bridge-Finanzierung häufig durch Bankinstitute.[40] Neben dem Börsengang (IPO), stellen Management-buy-out (MBO) und Management-buy-in (MBI), also die Unternehmensübernahme durch das vorhandene bzw. ein externes Management,

---

[38] Vgl. Engelmann; Juncker; Natusch; Tebroke 2000, S.27ff.
[39] Vgl. Müller, M., o.J.: Historische Entwicklung des deutschen Venture Capital Marktes. http://www.venture-capital-finanzierung.de/seite-2.html (abgerufen am 02.12.2012).
[40] Vgl. Schefczyk 2006, S.24f.

weitere Möglichkeiten dar, wenngleich der Börsengang als „elegantere" Lösung, bevorzugt angestrebt wird.[41] [42]

2.7 Rechtliche und steuerliche Rahmenbedingungen

An dieser Stelle soll ein Überblick der wichtigsten rechtlichen und steuerlichen Rahmenbedingungen gegeben werden. Die rechtliche und steuerliche Behandlung von Unternehmensneugründungen hängt von der gewählten Rechtsform ab. Zu wählen ist hierbei zwischen Einzelunternehmungen und Gesellschaften. Die Frage nach der optimalen Rechtsform, kann nicht allgemeingültig beantwortet werden, da die jeweiligen persönlichen und materiellen Voraussetzungen des Gründers berücksichtigt werden müssen. Die Aktiengesellschaft (AG) ermöglicht es, über die Börse Kapital (Public Equity) zu generieren. Die Gründung einer AG ist aber mit hohen Kosten verbunden und die Möglichkeit Kapital über die Börse aufzunehmen, kommt für Start-up Unternehmen meist nicht in Frage. Die Regel sind Offene Handelsgesellschaften oder Gesellschaften mit beschränkter Haftung, die bei angestrebtem Börsengang, im fortgeschrittenen Unternehmensstadium, in AGs umgewandelt werden.[43]

Um die Voraussetzungen für Wagniskapitalbeteiligungen zu verbessern, wurde im Jahr 2008 das Gesetz zur Modernisierung der Rahmenbedingungen für Kapitalbeteiligungen (MoRaKG) verabschiedet. Ziel war die Verbesserung der Bedingungen für Venture Capital und Private Equity. Sowohl die Kapitalgeber und Venture Capital-Gesellschaften als auch die Kapitalnehmer (Unternehmen), sollten begünstigt werden. Denn Deutschland lag in einer von der European Private Equity & Venture Capital Association (EVCA) durchgeführten Studie, hinsichtlich der steuerlichen und rechtlichen Rahmenbedingungen, nur auf Platz 22, von 27 untersuchten europäischen Ländern.[44]

Das MoRaKG definiert als Investitionsziele für Wagniskapitalgeber Unternehmen, die zum Zeitpunkt des Erwerbs nicht älter als zehn Jahre sind. Dabei darf das Eigenkapital des Beteiligungsunternehmens nicht mehr als 20 Mio. EUR betragen. Bei Erfüllung bestimmter Voraussetzungen, wird die Tätigkeit der Wagniskapitalgeber als vermögensverwaltend eingestuft und die Besteuerung findet ausschließlich auf Ebene des Anlegers statt. Im Oktober 2009 wurde entschieden, dass das Gesetz teilweise gegen europäisches Recht verstößt, insbesondere die mögliche Gewerbesteuerbefreiung nach Artikel 1 § 19 MoRaKG und das Verlustvortragsrecht nach Artikel 4 MoRaKG. So stellt unter anderem die ausschließliche Ausrichtung auf Wagniskapitalbeteiligungsgesellschaften, eine Diskriminierung gegenüber anderen Private Equity-Gesellschaften dar und auch die Regelung, dass VC-Gesellschaften ihren Sitz in Deutschland haben müssen um begünstigt zu werden, entspricht nicht europäischem

---

[41] Vgl. Tcherveniachki, V.: Kapitalgesellschaften und Private Equity Fonds, Berlin: Erich Schmidt Verlag 2007, S.18ff.
[42] Vgl. Boué, A.: Wie komme ich zu Venture Capital?, Wien: Linde 2008, S.8f.
[43] Vgl. Engelmann; Juncker; Natusch; Tebroke 2000, S.36f.
[44] Vgl. Röhl, K,H.: Der deutsche Wagniskapitalmarkt, Köln: Institut der deutschen Wirtschaft Köln 2010: S.45.

Wettbewerbsrecht. Des Weiteren legt das MoRaKG Freibeträge auf Veräußerungsgewinne von bis zu 200.000 EUR fest, die allerdings an strikte Vorgaben zur Beteiligungsdauer- und Höhe gebunden sind. So darf die Haltedauer zehn Jahre nicht übersteigen und die Beteiligungshöhe muss zwischen 3 und 25% liegen.[45]

Die Regelungen des MoRaKG werden teilweise als nicht weitreichend und nicht effizient genug eingestuft. Reformvorschläge betreffen insbesondere die Möglichkeit der Verlustverrechnung und die Steuertransparenz. Kritisiert werden die zahlreichen Einschränkungen hinsichtlich Haltedauer, Beteiligungshöhe und Freibeträge. Sie würden einer fiskalischen und nicht einer ökonomischen Logik folgen und Beteiligungskapitalgeber abschrecken, wodurch erhebliche Finanzierungspotenziale verloren gehen. Die Furcht vor eventuellen Steuerausfällen durch großzügigere Regelungen, habe die Steuerbasis in Form von potenziellen Gewinnen durch Beteiligungsgesellschaften schon am Ansatzpunkt, nämlich der Beteiligung selbiger, ausgetrocknet.[46] [47]

---

[45] Vgl. Röhl 2010, S.46f.
[46] Vgl. Bundesverband Deutscher Kapitalbeteiligungsgesellschaften (Hrsg.), 2008: Pressemitteilungen 2008. Kritik des Sachverständigenrates am MoRaKG berechtigt. URL: http://www.bvkap.de/privateequity.php/cat/114/aid/333/title/BVK:_Kritik_des_Sachverstaendigenrats_a m_MoRaKG_berechtigt (abgerufen am 04.12. 2012).
[47] Vgl. Röhl 2010, S.46ff.

3. Venture Capital und Private Equity im aktuellen Umfeld

Im Folgenden sollen aktuelle Entwicklungen und Trends auf den Venture Capital und Private Equity-Märkten untersucht werden. Die Betrachtung beginnt mit einer Analyse des deutschen Marktes für Beteiligungskapital. Weitere Schwerpunkte sind Untersuchungen des Wagniskapitalmarktes im internationalen Vergleich, VC-Investitionen von Business Angels, öffentliche Wagniskapitalfinanzierungen und eine Analyse der Defizite des deutschen Marktes. Die Analyse soll zum einen aktuelle Tendenzen und Entwicklungen von Venture Capital und Private Equity hervorheben, zum anderen aber auch bereits thematische Brücken schlagen, um im weiteren Verlauf eine ausführliche Gegenüberstellung, mit der Finanzierungsform Crowdinvesting, zu ermöglichen.

3.1 Venture Capital und Private Equity in Deutschland

Zur Analyse des deutschen Venture Capital und Private Equity-Marktes, wird im Folgenden vor allem auf statistisches Material des Bundesverbandes deutscher Kapitalbeteiligungsgesellschaften zurückgegriffen. Private Equity soll dabei als gesamte Einheit analysiert werden. Insbesondere soll aber ein spezieller Fokus auf Venture Capital-Investitionen, auch in Hinblick auf einen Vergleich mit der Finanzierungsform Crowdinvesting, liegen. Die statistische Datenlage ist dabei in manchen Bereichen ausgezeichnet, in anderen nur sehr spärlich bis kaum vorhanden. Dennoch soll der Versuch unternommen werden, den gerade im Vergleich mit Crowdinvesting wichtigen Bereich der Venture Capital-Finanzierung, detailliert zu analysieren. Venture Capital-Gesellschaften bieten dabei das umfassendste statistische Material an. Die Daten beziehen sich dabei sowohl auf in Deutschland ansässige als auch auf ausländische Beteiligungsgesellschaften die in Deutschland aktiv sind. Statistische Daten zu Venture Capital und Private Equity Investitionen, welche ohne Beteiligungsgesellschaften erfolgten (Business Angels, direktes Corporate Venture Capital) sowie staatliches Beteiligungskapital, werden separat erfasst. Abbildung acht zeigt die jährlichen Private Equity-Investitionen in Deutschland seit 1990[48]. Deutlich zu erkennen sind eine Erhöhung des Gesamtvolumens bis zum Jahr 2001auf 4434,9 Mio. €. Ebenfalls zu erkennen sind die Folgen der geplatzten Dot.com-Blase, sowie ein starker Rückgang im Jahr 2009 als Folge der Finanzkrise.

---

[48] Erweiterte Statistik ab 2007: Ab 2007 führt der BVK seine Statistikerfassung gemeinsam mit dem europäischen Private-Equity-Verband EVCA, mittels einer Statistikplattform durch. Die Erfassungsmethodik unterscheidet sich ab 2007 von der davor angewandten, weshalb eine Vergleichbarkeit über die Gesamthistorie keinerlei Aussagefähigkeit aufweist. Die Daten lassen sich vielmehr von 1990-2006 und von 2007-2011 vergleichen.

Abb. 8: Jährliche Private Equity-Investitionen in Deutschland seit 1990

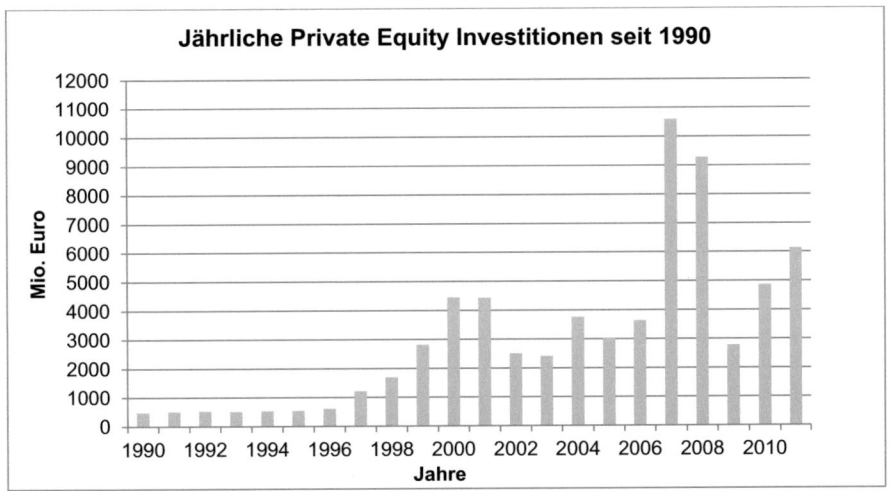

Quelle: Eigene Darstellung in Anlehnung an: Bundesverband Deutscher Kapitalbeteiligungsgesellschaften (Hrsg.), 2012a: Interaktive Charts. Private Equity in Deutschland. URL: http://www.bvkap.de/privateequity.php/cat/172/title/Interaktive_Charts (abgerufen am 06.12.2012).

Die von Beteiligungsgesellschaften getätigten Investitionen, sind in Abbildung neun für den Zeitraum 2008- 3. Quartal 2012 dargestellt. Dabei erfolgt eine Unterteilung in einzelne Finanzierungsphasen. Auffallend ist, dass die höchsten Volumina in der Buy-out-Phase (MBO, MBI, Leveraged Buy-out) investiert wurden. Hingegen waren Investitionen in die Phasen Seed und Start-up sowie in die Expansionsphase, deutlich niedriger. Die investierte Gesamtsumme betrug im Jahr 2011 6.132,34 Mio. Euro. Im Jahr 2012, stehen die Investitionen am Ende des 3. Quartals bei 3.806,99 Mio. Euro. Die Investitionen verteilten sich dabei zu 84 % auf Buy-out-Phasen, 6% in die klassischen Venture Capital-Phasen Seed und Start-up und weitere 10% in die Expansions- und Wachstumsphase. Im Vorjahreszeitraum lag die prozentuale Verteilung im Vergleichsquartal bei 85 %, 10 % und 5 %. Während Buy-out Investitionen durchgehend das höchste Volumen darstellen, wechseln sich Venture Capital-Frühphaseninvestitionen und Wachstumsinvestitionen in ihrer Höhe ab. Von den Gesamtinvestitionen im bisherigen Jahresverlauf, fielen auf Venture Capital-Investitionen 391 Mio. Euro, was einem Rückgang von rund 30 % im Vergleich zum Vorjahreszeitraum (563 Mio. €) entspricht.[49] Darüber hinaus befinden sich die VC-Investitionen seit dem 2. Quartal 2011, also bereits 5. Quartale in Folge (Ausnahme leichte Zunahme im 1. Quartal 2012), in einem klaren Abwärtstrend. VC-Investitionen machten im 1. Quartal 2012 14,3 %, im zweiten 15,1 % und im dritten 6,1 % der Gesamtinvestitionen aus. Insgesamt wurden bisher 391,36 Mio. € in 566 Unternehmen investiert.

---

[49] Vgl. Bundesverband Deutscher Kapitalbeteiligungsgesellschaften (Hrsg.), 2012b: BVK Statistik. Der deutsche Beteiligungsmarkt im 3. Quartal 2012: URL: http://www.bvkap.de/privateequity.php/cat/42/title/Aktuelle_Statistiken (abgerufen am 08.12.2012).

Abb. 9: Vierteljährliche Private Equity-Investitionen in Deutschland seit 2008

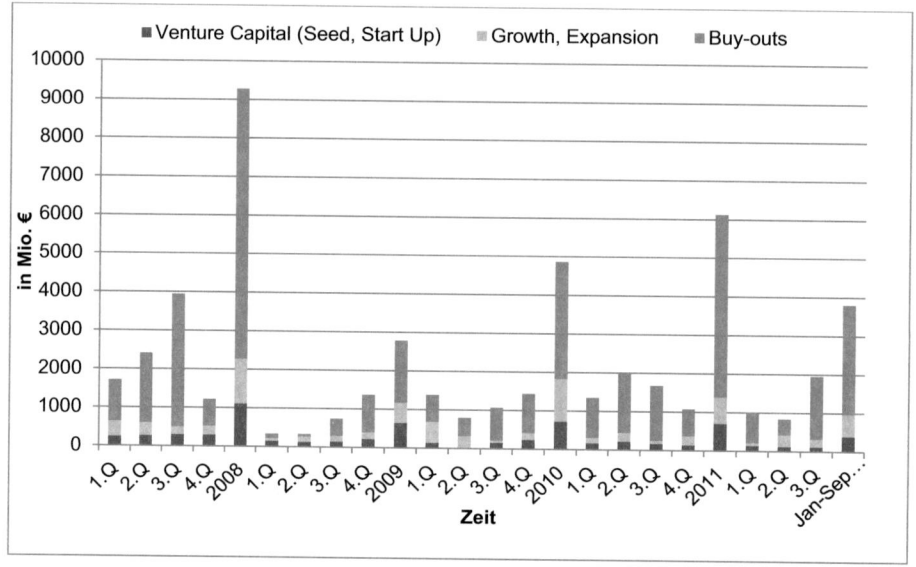

Quelle: Eigen Darstellung in Anlehnung an: Bundesverband Deutscher Kapitalbeteiligungsgesellschaften (Hrsg.), 2012b: BVK Statistik. Der deutsche Beteiligungsmarkt im 3. Quartal 2012, S.5. URL: http://www.bvkap.de/privateequity.php/cat/42/title/Aktuelle_Statistiken (abgerufen am 08.12.2012).

Tab. 5: Vierteljährliche Private Equity-Investitionen seit 2011

In Mio. €	Venture Capital (Seed, Start-up)	Growth und Expansionsphase	Buy-outs	Gesamt
1.Quartal	170,59	143,95	1.031,53	1.346,07
2. Quartal	221,06	226,24	1.577,07	2.024,37
3. Quartal	170,68	80,17	1.433,83	1.684,69
4. Quartal	142,45	235,22	699,54	1.077,21
2011	**704,78**	**685,58**	**4.741,97**	**6.132,34**
1. Quartal	145,10	70,92	795,51	1.011,53
2. Quartal	127,03	302,54	409,06	838,62
3. Quartal	119,23	199,77	1.637,84	1.956,84
Jan-Sep 2012	**391,36**	**573,23**	**2.842,40**	**3.806,99**

Quelle: Eigen Darstellung in Anlehnung an: Bundesverband Deutscher Kapitalbeteiligungsgesellschaften (Hrsg.), 2012b: BVK Statistik. Der deutsche Beteiligungsmarkt im 3. Quartal 2012, S5. URL: http://www.bvkap.de/privateequity.php/cat/42/title/Aktuelle_Statistiken (abgerufen am 08.12.2012).

Tab. 6: Venture Capital-Investitionen nach Finanzierungsphasen und Unternehmensanzahl im Jahr 2012 [50]

	1. Quartal		2. Quartal		3. Quartal		Jan-Sep 2012	
	Unternehmen	%	Unternehmen	%	Unternehmen	%	Unternehmen	%
Seed	49	15,7%	54	16,7%	40	11%	106	12,5%
Start-up	11	35,5%	134	41,5%	160	43%	343	40,4%
Later stage	75	24,0%	36	11,1%	40	11%	141	16,6%
VC Gesamt	135	75,1%	222	68,7%	240	65%	566	66,6%
Growth & Buyouts	78	24,9%	101	31,3%	133	35%	312	33.4%
Gesamt	213	100%	323	100%	373	100%	850	100%

Quelle: Eigen Darstellung in Anlehnung an: Bundesverband Deutscher Kapitalbeteiligungsgesellschaften (Hrsg.), 2012b: BVK Statistik. Der deutsche Beteiligungsmarkt im 3. Quartal 2012, S6. URL: http://www.bvkap.de/privateequity.php/cat/42/title/Aktuelle_Statistiken (abgerufen am 08.12.2012).

Venture Capital-Investitionen stellen somit einen größeren prozentualen Anteil, als die restlichen Private Equity-Investitionen dar. Der investierte Geldbetrag, ist allerdings deutlich geringer.

Eine Betrachtung der Investitionssummen in den einzelnen VC-Phasen, ermöglicht eine genauere Analyse der Marktsituation. Im Jahr 2010 wurden insgesamt 723,44 Mio. Euro in Venture Capital investiert, 2011 waren es 704,78 Mio. Euro und im aktuellen Jahr liegt die Investitionssumme bei 391,36 Mio. Euro. Die Ergebnisse der einzelnen Phasen werden in Tabelle sieben aufgeführt.

---

[50] Die Statistik wurde sowohl in den einzelnen Quartalen als auch für das Gesamtjahr um Doppelzählungen bei den Unternehmen bereinigt, d.h. bei mehrmaliger Investition bzw. mehrmaligem Exit eines Unternehmens im Laufe eines Quartals bzw. im Gesamtjahr, wird dieses Unternehmen im jeweiligen Quartal und im Gesamtjahr, nur als ein Unternehmen gezählt. Aufgrund dieser Bereinigung, ergibt die Addition der Unternehmen der Einzelquartale, in einigen Fällen eine größere Unternehmensanzahl als für das Gesamtjahr.

Tab. 7: Venture Capital-Investitionen nach Finanzierungsphasen von 2010-3. Quartal 2012

	2010		2011		Jan-Sep 2012	
Finanzierungsanlass	Mio. €	%	Mio. €	%	Mio. €	%
Seed	48,38	1,0%	40,31	0,7%	21,60	0,6%
Start-up	386,42	7,9%	390,31	6,6%	215,95	5,7%
Later Stage	288,64	5,9%	273,38	4,3%	153,81	4,0%
VC-Gesamt (Anteil an Private Equity Gesamtinvestitionen)	723,44	14,9%	704,78	11,6%	391,36	10,3%

Quelle: Eigene Darstellung in Anlehnung an: Bundesverband Deutscher Kapitalbeteiligungsgesell-schaften (Hrsg.), 2011: BVK Statistik. Das Jahr 2011 in Zahlen, S10. URL: http://www.bvkap.de/privateequity.php/cat/42/title/Aktuelle_Statistiken (abgerufen am 09.12.2012).

3.2. Verteilung der Private Equity-Investitionen nach Regionen und Branchen

Hinsichtlich der regionalen Verteilung der Investitionen, ergibt sich ein ständig wan-delndes Bild, wenngleich einige wenige Bundesländer stets auf den oberen Rängen zu finden sind. 2011 vereinten Nordrhein-Westfalen (31%) und Bayern (19%), die Hälfte aller Investitionen auf sich. Es folgten Hessen (13%) und Baden-Württemberg (8%). Im bisherigen Jahresverlauf liegen Bayern mit 25% und Hamburg mit 20% vor-ne. Es folgen Baden-Württemberg und Berlin mit jeweils 14%. Bezogen auf die Zahl der finanzierten Unternehmen waren Baden-Württemberg (129), Bayern (124) und Berlin (115), die regionalen Schwerpunkte. Betrachtet man die Investitionen nach Branchen, so lagen im Jahr 2011 Unternehmens/Industrieerzeugnisse (27%) vor Konsumgüter/Handel (22%) und der Kommunikationstechnologie (11%). Im laufen-den Jahr, dominieren bisher die Branchen Life Science (28%), Unterneh-mens/Industrieerzeugnisse (24%) und Kommunikationstechnologie (18%). Die meis-ten Unternehmen, wurden in den Branchen Life Science (147), Unterneh-mens/Industrieerzeugnisse (133) und Computer/Unterhaltungselektronik (124), fi-nanziert.[51][52]

---

[51] Vgl. Bundesverband Deutscher Kapitalbeteiligungsgesellschaften (Hrsg.), 2012b: BVK Statistik. Der deutsche Beteiligungsmarkt im 3. Quartal 2012, S2. URL: http://www.bvkap.de/privateequity.php/cat/42/title/Aktuelle_Statistiken (abgerufen am 09.12.2012).
[52] Vgl. Bundesverband Deutscher Kapitalbeteiligungsgesellschaften (Hrsg.), 2011: BVK Statistik. Das Jahr 2011 in Zahlen, S7. URL: http://www.bvkap.de/privateequity.php/cat/42/title/Aktuelle_Statistiken (abgerufen am 09.12.2012).

3.3 Divestments von Beteiligungsgesellschaften

Das Volumen der Exits, summiert sich im bisherigen Jahresverlauf auf 2.002 Mio. Euro, was im Vergleich zum Vorjahreswert (3.954 Mio. €) gut der Hälfte entspricht. Somit kann die Exit-Situation der Beteiligungsgesellschaften durchaus als angespannt bezeichnet werden. Dominierend sind der Verkauf der Anteile an andere Beteiligungsgesellschaften, Trade Sales und Divestments über die Börse, wobei hierbei nur 1,60 Mio. € durch IPOs und der wesentlich größere Teil (561,56 Mio. €) durch Aktienverkaufe nach der Notierung entstanden ist. Besonders erwähnenswert ist auch der „Exit" durch einen Totalverlust, welcher mit 119,77 Mio. € Platz vier einnimmt. Die aktuelle Situation wird in Tabelle acht detailliert dargestellt.

Tab. 8: Divestments: Januar-September 2012

Exitkanäle	Mio. €	%
Trade Sales	591,15	29,5
Divestment über die Börse	563,16	28,1
Totalverlust	119,77	6,0
Rückzahlung stiller Beteiligungen	62,07	3,1
Rückzahlung von Gesellschafts-darlehen	8,77	0,4
Verkauf an andere Beteiligungs-gesellschaften	616,44	30,8
Verkauf an Finanzinstitutionen	4,18	0,2
Verkauf an das Management	28,77	1,4
Sonstige	7,87	0,4
Unbekannt	0,06	0,0
Gesamt	2.002,24	100,00

Quelle: Eigene Darstellung in Anlehnung an: Bundesverband Deutscher Kapitalbeteiligungsgesellschaften (Hrsg.), 2012b: BVK Statistik. Der deutsche Beteiligungsmarkt im 3. Quartal 2012, S.9. URL: http://www.bvkap.de/privateequity.php/cat/42/title/Aktuelle_Statistiken (abgerufen am 09.12.2012).

3.4 Der deutsche Wagniskapitalmarkt in internationalen Vergleich

Der deutsche Wagniskapitalmarkt, ist im internationalen Vergleich schwach entwickelt. Während in den USA, insgesamt 350 private Venture Capital-Gesellschaften, mit einem Volumen von jeweils mehr als 100 Millionen US-Dollar agieren, erfüllen in Deutschland gerade einmal fünf private Fonds dieses Kriterium. In Großbritannien, ein Land von vergleichbarer Größe, sind es dreizehn private VC-Gesellschaften mit einem solchen Volumen. Diese Struktur führt zwangsläufig dazu, dass im Hinblick auf Renditeaspekte, Investitionsentscheidungen zugunsten weniger risikoreicher Beteiligungen, in späteren Phasen gefällt werden. Die bereitgestellte VC-Summe (für die Phasen Seed, Start-up und Expansion) entspricht in Deutschland im Jahr 2010 0,027% des BIP, was exakt dem europäischen Durchschnitt entspricht. Neben dem Vereinigten Königreich, sind insbesondere die skandinavischen Länder, als besonders aktive VC-Märkte auffallend. So haben Schweden und Dänemark mit 0,064% bzw. 0,052% den höchsten Anteil. Abbildung zehn zeigt die Bereitstellung von Wagniskapital im Verhältnis zum BIP, im internationalen Vergleich.[53] [54]

Abb. 10: Venture Capital-Investitionen im Verhältnis zum BIP in Europa im Jahr 2010

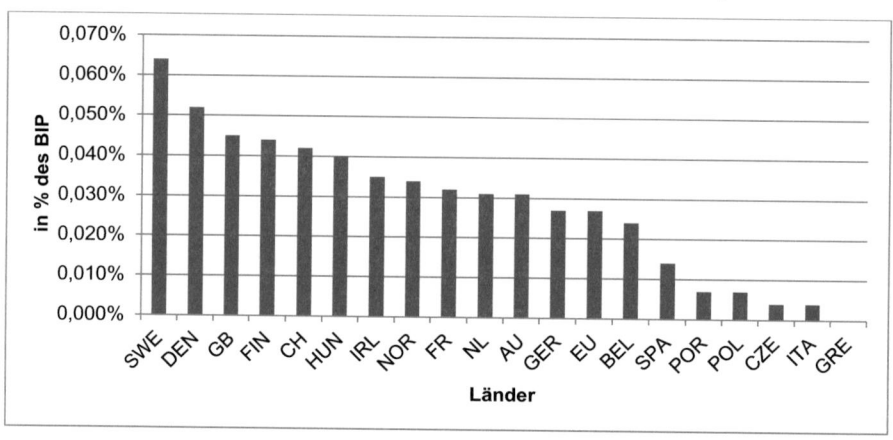

Quelle: Eigene Darstellung in Anlehnung an: Bundesverband Deutscher Kapitalbeteiligungsgesellschaften (Hrsg.), 2012a: Interaktive Charts. Private Equity in Deutschland. URL: http://www.bvkap.de/privateequity.php/cat/172/title/Interaktive_Charts (abgerufen am 09.12.2012).

3.5 Venture Capital Investitionen von Business Angels

Unternehmen besitzen neben der Kapitalaufnahme durch VC-Gesellschaften, auch die Möglichkeit von Business Angels, Mittel für die Unternehmensgründung und den Aufbau zu erhalten. Viele Business Angels waren selbst erfolgreiche Unternehmer und stellen ihr Know-how und ihre Managementerfahrung begleitend zur Verfügung. Aufgrund ihres Fachwissens und ihrer besonderen Kompetenz, eignen sich Business Angels besonders für die frühe Gründungsfinanzierung. Business Angels investieren ihr persönliches Vermögen, während VC-Gesellschaften institutionelles Kapital über einen Fonds bereitstellen. VC-Gesellschaften haben, wie bereits weiter oben dargestellt, die Tendenz, zu großen Teilen in spätere Unternehmenszyklusphasen zu investieren, wohingegen Business Angels einen klaren Fokus auf die Phasen Seed und Start-up haben. Des Weiteren beteiligen sich Business Angels stärker am Management des Unternehmens, stellen operative Unterstützung und helfen bei der

---

[53] Vgl. Röhl 2010, S.23f.
[54] Vgl. Haemmig 2003, S.219ff.

strategischen Ausrichtung. Die Managementkomponente der VC-Gesellschaften, spielt sich eher in der Betreuung der Finanz- und Betriebsleitung ab und erreicht nicht vergleichbare Ausmaße.[55] Informationen über den informellen Beteiligungsmarkt, sind bedingt durch mangelnde Regulierung und mangelnder Transparenz, nur eingeschränkt verfügbar. Sie basieren meist auf wenigen empirischen Erhebungen, die meist als Befragung mit geringem Stichprobenumfang durchgeführt werden.[56]

Nach Schätzung des Zentrums für Europäische Wirtschaftsforschung (ZEW), gibt es in Deutschland etwa 2.700 bis 3.400 aktive Business Angels[57]. Diese Zahl umfasst nicht nur Aktivitäten der Business Angels im Hightech Sektor, sondern auch Beteiligungen außerhalb des Hightech Sektors. Die Zielgruppe von Business Angel-Finanzierungen, ist nicht nur auf innovationsstarke Spitzentechnologien beschränkt, sondern umfasst auch die Hochwertige Technik und technologieorientierte Dienstleistungen[58]. Die durchschnittliche Investitionssumme beträgt 100.000 Euro und ist damit wesentlich niedriger, als Beteiligungen von VC-Gesellschaften, deren Investitionssummen zehn-bis 20-mal so hoch sind. Weiterhin geht die Schätzung davon aus, dass das Gesamtvolumen des informellen Beteiligungskapitals für Erstinvestitionen in Gründungen, mindestens 200 Millionen Euro betragen könnte.

Der deutsche Markt für informelles Beteiligungskapital, gilt als unterentwickelt und nicht effizient genug. Dies wird vor allem in einem Vergleich mit den USA deutlich, wo die Zahl der aktiven Business Angels auf eine Viertelmillion geschätzt wird und die durchschnittliche Kapitalvergabe pro Beteiligung zwischen 200.0000 Euro und 330.000 Euro liegt. Die Problematik der Business Angels und der Venture Capital-Gesellschaften wird in Kapitel 3.7 nochmals systematisch zusammengeführt.[59][60]

3.6 Öffentliche Wagniskapitalfinanzierung in Deutschland

An dieser Stelle, soll die Möglichkeit der öffentlichen Gründungsförderung vorgestellt werden. Öffentliche Maßnahmen konzentrieren sich auf Lücken im Venture Capital-Angebot, unter anderem in Phasen des wirtschaftlichen Abschwungs. Auch frühe Unternehmensphasen, bestimmte Technologien oder Krisenzeiten werden gefördert. Dabei muss stets ein Augenmerk auf der besonders ausgeprägten Prozyklität von VC-Märkten liegen, um Ein-und Ausstieg zu planen und mögliche Verdrängungsef-

---

[55] Vgl. Röhl 2010, S.31f.
[56] Vgl. Engelmann, Juncker, Natusch, Tebroke 2000, S.89ff.
[57] Die Schätzung der aktiven Business Angels wurde im Jahr 2007 durchgeführt. Es ist anzunehmen, dass sich die Anzahl aufgrund der Finanzkrise temporär stark reduziert hat. Gleiches gilt für amerikanische Schätzungen.
[58] Vgl. Ulrich, K., 2008: KfW Bankengruppe. Der informelle Beteiligungskapitalmarkt in Deutschland, S.15. URL: http://www.kfw.de/kfw/de/I/II/Download_Center/Fachthemen/Research/PDF-Dkumen-te_WirtschaftsObserver_online/2008/WOb_November_2008_Business_Angels_08_uhk%5B1%5D.pdf (abgerufen am 10.12.2012).
[59] Vgl. Röhl 2010, S.34ff.
[60] Vgl. Fryges, H.; Gottschalk, S.; Licht, G.; Müller, K., 2007: Zentrum für Europäische Wirtschaftsforschung. Hightech-Gründungen und Business Angels, S.8ff.URL: ftp://ftp.zew.de/pub/zew-docs/gutachten/businessangel-endbericht.pdf (abgerufen am 10.12.2012).

fekte zu vermeiden. Der Bund betreibt derzeit eine dreiteilige Förderarchitektur für Wagniskapital. Im Jahr 2005 hat das Wirtschaftsministerium, zusammen mit sechs deutschen Industriekonzernen und der KfW Bankengruppe, den High-Tech Gründerfonds (HTG) aufgelegt.[61] Der Fonds hat ein Volumen von 272 Mio. Euro. Gefördert werden junge Technologieunternehmen, die ihren Sitz in Deutschland haben, nicht jünger als ein Jahr sind, wachstumsorientiert sind und sich mehrheitlich im Besitz des Management befinden. Ziel ist die Unternehmen so lange zu finanzieren, bis sie reif für Anschlussfinanzierungen durch private Wagniskapitalgeber sind oder sich durch eigene Umsätze finanzieren können. Dazu wird in der ersten Finanzierungsrunde bis zu 500.000 € bereitgestellt. Insgesamt stehen bis zu zwei Millionen Euro pro Unternehmen zur Verfügung. Im Jahr 2010 wurden 25,2% des Fondsvolumens in Bayern investiert. Auf Platz zwei und drei folgten Nordrhein-Westfalen (17,3%) und Hamburg (11,1%). Nach Technologiefeldern, erfolgten die Zusagen in Internet und Web-2.0 Software (20,4%), Medizintechnik (11,5%) und Applikationssoftware (10,6%).[62] [63] Im Jahr 2011 kam ein neuer Fonds, mit einem Volumen von 291 Mio. Euro, unter der Beteiligung von Altana, B. Braun, CEWE Color, Deutsche Post, Evonik, Qiagen, RWE und Tengelmann hinzu.[64]

Der zweite Zweig der öffentlichen Förderung ist der ERP-Startfonds, welcher mit einem Volumen von 250 Millionen Euro aufgelegt wurde. Ziel ist die Aufbau- und Entwicklungsphase kleiner Technologieunternehmen zu unterstützen. Der ERP kofinanziert Beteiligungen zu den gleichen wirtschaftlichen Bedingungen, wie ein weiterer, meist privater Kapitalgeber, der als Lead-Investor fungiert. Neben Gründungen sind also auch junge Unternehmen Ziel des Fonds, sofern die Kleinunternehmenskriterien der EU erfüllt werden[65]. Die Höhe der Beteiligung beträgt bis zu 5 Mio. Euro pro Unternehmen und maximal 2,5 Mio. Euro je Zwölfmonatszeitraum, wobei mehrere Finanzierungsrunden möglich sind. Bisher wurden insgesamt 821 Verträge mit einem Gesamtvolumen von 380 Mio. EUR abgeschlossen. Damit konnten mehr als 370 Technologieunternehmen gefördert werden.[66] [67]

Eine dritte Möglichkeit bietet der ERP/EIF-Dachfonds. Dieser, gemeinsam vom Europäischen Investitionsfonds (EIF) und ERP-Sondervermögen finanzierte Fonds, beteiligt sich an deutschen Venture Capital-Fonds. Die Beteiligung zielt dabei im speziellen auf zwei Segmente des VC-Marktes ab. Zum einen Frühphasen-Fonds, zum anderen Fonds die Anschlussfinanzierungen für Technologieunternehmen in

---

[61] Sechs Konzerne: BASF, Bosch, Carl Zeiss, Daimler, Deutsche Telekom und Siemens
[62] Vgl. Engelmann, Juncker, Natusch, Tebroke 2000, S.59ff.
[63] Vgl. Röhl 2010, S.40ff.
[64] Vgl. High-Tech Gründerfonds GmbH (Hrsg.) o.J: Der High-Tech Gründerfonds. URL: http://www.high-tech-gruenderfonds.de/press/profil-keyfacts/ (abgerufen am 10.12.2012).
[65] Dies bedeutet weniger als 50 Beschäftigte und höchstens 10 Millionen Euro Jahresumsatz.
[66] Vgl. Bundesministerium für Wirtschaft und Technologie (Hrsg.) 2012a: ERP-Startfonds. URL: http://www.foerderdatenbank.de/FoerderDB/Navigation/Foerderrecherche/suche.html?get=views;document&doc=9061 (abgerufen am 10.12.2012)
[67] Vgl. Röhl 2010, S.44, Vgl. Engelmann, Juncker, Natusch, Tebroke 2000, S.59ff, Vgl. Weitnauer 2000, S.120.

Frühphasen sowie Wachstumsphasen anbieten. Der ERP/EIF-Dachfonds fungiert als Ankerinvestor und hat zum Ziel, die Auflage neuer VC-Fonds zu beschleunigen oder sogar erst möglich zu machen. Derzeit beträgt das Volumen eine Milliarde Euro. Seitdem der ERP/EIF-Dachfonds im Jahr 2004 mit einem Volumen von 500 Mio. EUR aufgelegt wurde, hat er sich nach 6 Jahren Investitionstätigkeit an 16 Fonds mit einem Volumen von 430 Mio. Euro beteiligt. Gleichzeitig investierten überwiegend private Investoren 1,6 Mrd. Euro in diese Fonds.[68] [69]

3.7 Defizite des deutschen Beteiligungs- und Wagniskapital-marktes und mögliche Verbesserungsvorschläge der Rahmenbedingungen

Im Vergleich zum amerikanischen, kann der deutsche Wagniskapitalmarkt durchaus als unterentwickelt bezeichnet werden. Die Gründe für die deutschen Hemmnisse scheinen vielfältiger Natur zu sein. Ein Aspekt ist die konservative Gründerkultur. Die Risikobereitschaft ist um einiges niedriger. Dies äußert sich in einer höheren Präferenz für als sicher empfundene, abhängige Beschäftigungen und einer geringeren Präferenz, für die Freiheit selbstständiger Tätigkeiten. Der Flash-Eurobarometer zum Thema Entrepreneurship verdeutlicht dies eindrucksvoll. Das Ergebnis der Studie besagt, dass in den USA 61 % lieber selbstständig, als abhängig beschäftigt wären. Der EU-Durchschnitt der Umfrage liegt bei 45 %, in Deutschland beträgt das Ergebnis lediglich 39 %[70]. Potenzielle Kapitalgeber haben eine eher konservative Investitionseinstellung und scheuen Beteiligungen in neue, innovative Ideen oder Produkte ohne bereits etablierte Marktdurchdringung. Des Weiteren sind die steuerlichen Rahmenbedingungen für Venture Capital-Investitionen und für den Vermögensaufbau durch unternehmerische Tätigkeit ungünstiger[71].

Eine Studie des Deutschen Instituts für Wirtschaftsforschung in Berlin (DIW), platziert Deutschland in seinem Innovationsindikator für das Jahr 2009, auf Rang 9 unter 17 führenden Industrienationen. Besonders große Mängel wurden dabei in den Bereichen Wettbewerbsbedienungen/Regulierungen und Finanzierungsmöglichkeiten von Innovationen festgestellt, in denen Deutschland nur auf Platz 13 bzw. 15 platziert war. Weiter noch, liegt die Bundesrepublik im Teilindikator „Einstellung zum unternehmerischen Risiko" auf dem letzten Platz der untersuchten Länder.[72]

---

[68] Vgl. Röhl 2010, S.44f.
[69] Vgl. Bundesministerium für Wirtschaft und Technologie (Hrsg.) 2012b: ERP/EIF-Dachfonds. URL: http://www.foerderdatenbank.de/FoerderDB/Navigation/Foerderrecherche/suche.html?get=views;docu ment&doc=8933 (abgerufen am 10.12.2012)
[70] Vgl. European Comission (Hrsg.) 2009: Small and medium-sized enterprises. Eurobarometer Survey on Entrepreneurship. URL: http://ec.europa.eu/enterprise/policies/sme/facts-figures-analysis/eurobarometer/index_en.htm (abgerufen am 11.12.2012).
[71] Siehe Kapitel 2.7, steuerliche und rechtliche Rahmenbedingungen.
[72] Vgl. Deutsches Institut für Wirtschaftsforschung in Berlin (DIW) (Hrsg.) 2009: Innovationsindikator 2009: Deutschland hat Aufholbedarf. URL: http://www.diw.de/sixcms/detail.php?id=diw_01.c.342317.de (abgerufen am 11.12.2012).

In neuerer Zeit gibt es aber auch positive Ergebnisse. So liegt Deutschland im Innovationsindikator, der vom Frauenhofer- Institut für System und Innovationsforschung (Frauenhofer ISI) und vom ZEW berechnet und von der Deutschen Telekom Stiftung und dem Bundesverband der Deutschen Industrie (BDI) veröffentlicht wird, auf dem sechsten Rang von 26 untersuchten, führenden Industriestaaten. Zurückzuführen ist das Ergebnis sicherlich auf die gute gesamtwirtschaftliche Situation in Deutschland, das durch die Finanz- und Wirtschaftskrise wesentlich stabiler als viele andere Länder gekommen ist. Lediglich die Schweiz, Singapur, Schweden, die Niederlande und Belgien sind vor Deutschland platziert, dass sich mit den USA den sechsten Platz teilt. Doch auch in dieser, für Deutschland äußerst positiven Studie, werden die weiter oben geschilderten Schwächen offengelegt. So wird in den Bereichen Bildungssystem und staatliche Rahmenbedingungen lediglich Platz 17 bzw. Platz 15 erreicht.[73]

Geeignete Gegenmaßnahmen sind eine Verbesserung der steuerlichen Rahmenbedingungen für Wagniskapitalfonds und die steuerliche Förderung von Forschung und Entwicklung in Unternehmen. Eine solche Förderung würde im Gegensatz zu selektiven, zuschussorientierten Förderinstrumenten, alle forschenden Unternehmen fördern[74]. Die bereits in Kapitel 2.7 angesprochenen Regelungen des MoRaKG, müssten erweitert und überarbeitet werden. Die risikoaverse Einstellung vieler Investoren und die mangelnde Erfahrung mit Venture Capital kommen erschwerend hinzu. Eine Studie der Unternehmensberatung Fleischhauer, Hoyer & Partner (FHP) gelangt zu dem Ergebnis, dass das Fundraising der VC-Gesellschaften im Durchschnitt 19 Monate und damit bis zu 13 Monate länger dauerte als geplant. Investoren würden meist erst einsteigen, wenn Anker-Investoren aktiv sind und dem Engagement Sicherheit vermitteln.[75]

3.8 Zusammenfassung und Überleitung zur Gründungsfinanzierung durch Crowdinvesting

Investitionen von VC-Gesellschaften konzentrieren sich eher auf fortgeschrittene Start-up Unternehmen, die kurz vor der Expansionsphase stehen. Seed und Start-up-Finanzierungen sind eher Domänen der Privatinvestoren. Genaue Informationen, über die Beteiligungsaktivitäten von Business Angels in Deutschland, sind nicht vorhanden. Aufgrund fehlender Infrastruktur, wie etwaigen Plattformen oder Vereinigungen, wird das Handeln von Business Angels als ineffizient angesehen und die Schwierigkeiten für Unternehmensgründer, an geeignete Kapitalgeber zu kommen, sind entsprechend hoch.

---

[73] Vgl. Deutsche Telekom Stiftung (Hrsg.) 2012: Innovationsindikator. Zentrale Ergebnisse. URL: http://www.innovationsindikator.de/der-innovationsindikator/zentrale-ergebnisse/ (abgerufen am 11.12.2012).
[74] Vgl. Innovationsnetzwerk Niedersachsen (Hrsg.) o.J: Steuerliche Innovationsförderung. Vorerst auf Eis. URL: http://www.innovationsnetzwerk-niedersachsen.de/Netzwerken/TWikiTopic958 (abgerufen am 12.12.2012).
[75] Vgl. Röhl 2010, S.29.

Öffentliche Fonds können zwar eine Anfinanzierung leisten, sind aber aufgrund ihrer niedrigen Fondsvolumina im weiteren Handeln eingeschränkt, ein Manko das auch auf die föderale Struktur Deutschlands zurückzuführen ist. Zudem unterliegen sie in der Regel regionalen Restriktionen und auch beihilferechtlichen Beschränkungen, sofern sie aus dem Europäischen Strukturfonds EFRE kofinanziert werden. Nachdem nun eine Analyse des deutschen Beteiligungskapitalmarktes, insbesondere des Wagniskapitalmarktes erfolgt ist, wird im nächsten Kapitel die Finanzierungsmöglichkeit Crowdinvesting vorgestellt und detailliert analysiert. Crowdinvesting soll dabei als Finanzierungsalternative zu Formen der Wagniskapitalfinanzierung für Unternehmensgründungen und junge Unternehmen untersucht werden.

4. Gründungsfinanzierung 2.0: Crowdinvesting

Das Kapitel widmet sich der detaillierten Analyse von Crowdinvesting. Dies erfolgt anhand folgender Gliederung. Zunächst wird Crowdinvesting definiert und als Begriff weiter abgegrenzt. Es folgen Beschreibungen und Untersuchungen der allgemeinen Funktionsweise von Schwarmfinanzierungen. Nachdem die rechtlichen und steuerlichen Rahmenbedingungen erläutert worden sind, widmet sich die Untersuchung den in Deutschland aktiven Crowdinvesting-Plattformen. Analysiert werden die Plattformen dabei hinsichtlich ihrer Funktionsweisen, getätigter und aktueller Transaktionen, rechtliche und steuerliche Aspekte sowie Arten und Möglichkeiten der Investitionsmodelle. Auch eine Kategorisierung der kapitalnachfragenden Unternehmen sowie eine Aufstellung möglicher sekundärwirtschaftlicher Nutzen durch Crowdinvesting für ein Unternehmen sollen erarbeitet werden. Weiterhin soll Crowdinvesting auch als mögliche Alternative für den Mittelstand betrachtet werden. Das Kapitel schließt mit einer Prognose über weitere Entwicklungsszenarien des deutschen Marktes.

4.1 Definition und Begriffsabgrenzung

Allgemein formuliert ist Crowdinvesting die Möglichkeit für Unternehmen Eigenkapital einzusammeln, das durch eine Vielzahl von Personen zur Verfügung gestellt wird. In einer engeren Definition, die mehr den ursprünglichen Gedanken der Idee berücksichtigt, wird Crowdinvesting als alternative Gründungsfinanzierung bezeichnet, die für Unternehmensgründungen in der Start-up Phase, eine alternative Möglichkeit darstellt, durch eine Vielzahl von Investoren, Eigenkapital zu erhalten. Als „Crowd", also als Menschenmenge die als potenzieller Kapitalgeber auftritt, werden dabei sämtliche Nutzer des Internets, genauergesagt des Web 2.0 definiert. Der Crowdinvesting-Prozess findet über spezialisierte Online-Plattformen statt, auf denen sich Unternehmen präsentieren und mit der „Crowd" kommunizieren können. Die Plattformen fungieren als Mittler, stellen die technische und rechtliche Infrastruktur zur Verfügung und wickeln die Finanztransaktionen ab. Obgleich Schwarmfinanzierungen auch ohne das Internet theoretisch denkbar sind, stellt es per Definition die unumgängliche Grundlage für Crowdinvesting. Über die Plattformen können Interessierte bereits mit Kleinstbeträgen als Investoren in ein Unternehmen auftreten. Die Möglichkeit, dass im Prinzip jede Person als Investor aktiv werden kann, stellt einen wesentlichen Unterschied zur Beteiligungsfinanzierung durch Business Angels oder Venture Capital-Gesellschaften dar. Hat ein Unternehmen den angestrebten Betrag erzielt, gilt die Auktion als geschlossen und die Finanzierung war erfolgreich. Je nach Ausgestaltung und spezialisierter Regularien der Online-Plattformen, erhalten die Investoren einen Anteil am Unternehmen, der im Fall einer erfolgreichen Weiterentwicklung des finanzierten Unternehmens, durch einen zu einem festgelegten Zeitpunkt erfolgten Ausstieg (Exit), mit einer Rendite verbunden ist.[76][77]

---

[76] Vgl. Klein, R., 2012: Vom Crowdfunding zu Crowdinvesting. http://www.fuer-gruender.de/blog /2011/07/crowd-funding-crowd-investing/ (abgerufen am 18.12.2012).

Der Begriff „Crowdinvesting" wird nicht einheitlich benutzt. So finden sich auch oft die Bezeichnungen „Crowdfinancing" oder „Crowdfunding". In der vorliegenden Arbeit sollen die Begriffe „Crowdinvesting" und „Crowdfinancing" Synonym verwendet werden, da „Crowdinvesting" lediglich eine Umwälzung auf die Perspektive der Investoren bewirkt, wohingegen Crowdfinancing eher aus Sicht der Gründungsunternehmen gebraucht wird. Eine Abgrenzung ist jedoch gegenüber dem Begriff „Crowdfunding" sinnvoll. Crowdfunding kann auch als Vorläufer, bzw. grundlegender Prozess bezeichnet werden, aus dem Crowdinvesting als innovative Weiterentwicklung hervorgegangen ist. Auch beim Crowdfunding wird auf spezialisierten Online-Plattformen, durch eine Vielzahl von Investoren Kapital eingesammelt. Allerdings steht hierbei ein anderer Gedanke im Vordergrund. Crowdfunding richtet sich traditionell an kreative und künstlerische Projekte und nicht an gezielte Unternehmens bzw. Gründungsfinanzierungen. Des Weiteren erfolgt die Gegenleistung für einen investierten Geldbetrag nicht in Form einer Beteiligung am Erfolg des finanzierten Projekts. Vielmehr werden Sachleistungen oder immaterielle Leistungen als „Dankeschön" an die Kapitalgeber vergeben. Im Unterschied zum Crowdinvesting, tritt der Geldgeber auch kein Beteiligungsverhältnis mit einem kapitalsuchenden Unternehmen ein.[78]

4.2   Das Web 2.0: Bedeutung als Infrastruktur für Crowdinvesting

An dieser Stelle soll der Begriff Web 2.0, auch zum besseren Verständnis des Themas Gründungsfinanzierung 2.0, erläutert werden. Unter Web 2.0 wird keine neue technologische Weiterentwicklung des bestehenden Internets verstanden. Vielmehr bedeutet der Begriff eine in sozio-technischer Hinsicht veränderte Nutzung des Internets. Während beim klassischen Web 1.0 die Verbreitung von Informationen und der Produktverkauf durch Websitebetreiber im Mittelpunkt stehen, verlagert sich der Fokus beim Web 2.0 auf die Beteiligung des Nutzers. Dieser konsumiert nicht einfach nur die Inhalte, sondern stellt selbst Inhalt zur Verfügung. Das Internet hat sich in seiner Form in eine von allen Seiten nutzbare Plattform entwickelt. Eine solche Entwicklung war Voraussetzung für das Entstehen von Seiten aus dem Bereich Social Media (Facebook, Twitter) oder auch Internetenzyklopädien wie Wikipedia. Dementsprechend lassen sich auch die Phänomene Crowdfunding bzw. Crowdinvesting als direkte Konsequenz des Web 2.0 betrachten, da auch hier das Internet, genauer gesagt die Crowdinvesting-Plattform, die Infrastruktur für eine Kommunikation und Weitergestaltung, durch verschiedene Internetnutzer bzw. Kapitalnachfrager und Kapitalanbieter, zur Verfügung stellt. Das Kollektiv des Web 2.0 ist automatisch ein Kontrollinstrument. Durch die große Anzahl an Nutzern sind die Verbreitung falscher Informationen und der Missbrauch spezieller Dienste sehr erschwert. Diese kollektive

---

[77] Vgl. Schmidt, K., 2012: Crowdinvesting: Endlich Geld zum Gründen. http://startup-erfolg.de/2012/10/29/crowdinvesting-endlich-geld-zum-gruenden/ (abgerufen am 18.12.2012).
[78] Vgl. Klein, 2012, online.

Intelligenz ist eine weitere bedeutende Eigenschaft des Web 2.0. Ein solcher Prozess wird auch als Crowdsourcing bezeichnet.[79]

4.3 Funktionsweise und Bedeutung des Crowdfunding

Wie bereits erwähnt, besteht die wesentliche Funktion des Crowdfunding darin, kreative und meist künstlerische Projekte zu finanzieren. Es gibt weder eine Gewinnerzielungsabsicht seitens der Investoren noch die Möglichkeit mit seinem Kapital einen finanziellen Nutzen zu erzielen. Häufig sind immaterielle Leistungen und Sachleistungen als „Dankeschön" vorgesehen, die in diesem Fall auch als Gegenleistung zur Kapitalüberlassung definiert werden können. Crowdfunding kann als Unterstützung, nicht jedoch als Spende bezeichnet werden, da es eine definierte Gegenleistung gibt. Wie beim Crowdinvesting stellt das Internet das grundlegende Medium dar, auf dem der Crowdfunding-Prozess von Beginn an durchgeführt wird. Dabei dienen spezialisierte Online-Plattformen als Kommunikations-, Transaktions-, und Informationsstelle, auf der Kapitalanbieter und Kapitalnachfrager zusammenkommen.

Crowdfunding besitzt noch keine weitreichende Geschichte, da wesentliche Entwicklungen erst in den letzten ein bis zwei Jahren stattfanden. Als moderner Startpunkt der Entwicklung des Crowdfunding, kann die Gründung der Plattform Kickstarter in den USA im Jahr 2009 betrachtet werden. Erstmals wurde erfolgreich eine zentrale Seite im Internet eingerichtet, auf der kreative Ideen und Projekte vorgestellt und gefördert werden konnten. Jeder Initiator eines Projekts handelt dabei individuell und legt eine Schwelle fest die beim Funding mindestens erreicht werden muss. Nur wenn dies gelingt, gilt das Projekt als erfolgreich gestartet und die zur Verfügung gestellten Gelder der Unterstützer werden dem Initiator freigegeben. Auf Kickstarter können prinzipiell Projekte aus allen erdenklichen Bereichen wie Kunst, Mode, Film, Theater, aber auch Spieleentwicklung, Musik, Photographie und Technologie gefördert werden.[80] Als Beginn von Crowdfunding in Deutschland kann das Jahr 2011 ausgemacht werden. Nur leicht zeitversetzt, haben die fünf Plattformen Inkubato, mySherpas, Pling, Startnext und VisionBakery ihren Betrieb aufgenommen. Wie beim amerikanischen Pendant Kickstarter, können kreative Projekte aus unterschiedlichsten Bereichen, gegen Erhalt einer, je nach Höhe der Unterstützung unterschiedlich ausfallender immaterieller oder sachlicher Gegenleistung, gefördert werden.[81]

Im Folgenden soll die Bedeutung von Crowdfunding aufgezeigt werden. Der deutsche Markt besteht weitestgehend aus den weiter oben genannten fünf Plattformen. In neuerer Zeit haben sich aber auch weitere Plattformen etablieren können. Zu nennen sind hier insbesondere Crowd Berlin, Nordstarter Hamburg oder Dresden Durchstarter. Diese Plattformen stellen eine sinnvolle Ergänzung zu den bereits etablierten

---

[79] Vgl. Gabler Verlag (Herausgeber), o.J: Gabler Wirtschaftslexikon, Stichwort: Web 2.0. URL: http://wirtschaftslexikon.gabler.de/Archiv/80667/web-2-0-v7.html (abgerufen am 19.12.2012).
[80] Vgl. Kickstarter (Hrsg.), o.J.: Kickstarter Basics: Kickstarter 101. URL: http://www.kickstarter.com/help/faq/kickstarter%20basics?ref=nav (abgerufen am 19.12.2012).
[81] Vgl. Portal Für-Gründer.de (Hrsg.), 2012a: Crowdfunding-Monitor. URL: http://www.fuergruender.de/kapital/eigenkapital/crowd-funding/monitor/ (abgerufen am 19.12.2012).

dar. Sie zeichnen sich durch einen klaren regionalen Bezug aus. Projekte aus der Region sollen dadurch effizienter mit Unterstützern aus der Region in Kontakt treten können. Regionale Projekte und ein regionaler Bezug der Plattform, sollen bei der Kapitalgenerierung unterstützend wirken.

Laut dem Portal Für-Gründer sind im Jahr 2011 170 Projekte finanziert worden. Bezogen auf 442 Projektstarts, ist dies eine Erfolgsquote von 38%. Dabei sammelten die Projekte insgesamt 458.000 Euro ein, bei durchschnittlich 2.694 Euro pro Projekt. Im bisherigen Jahresverlauf sind bereits 1,15 Mio. Euro über Crowdfunding-Plattformen eingesammelt worden (Stichtag 30. September 2012). Insgesamt haben bisher 855 Projekte eine Finanzierung angestrebt, von denen 358 erfolgreich waren (42%). Somit wurden durchschnittlich bisher 3.212 Euro pro Projekt eingesammelt. Abbildung elf stellt die Ausführungen nochmals detaillierter dar. Die Daten beziehen sich auf geförderte Projekte auf den oben erwähnten, fünf großen Crowdfunding Plattformen.[82]

Abb. 11: Crowdfunding: Fundings im Zeitraum 2011-3.Quartal 2012

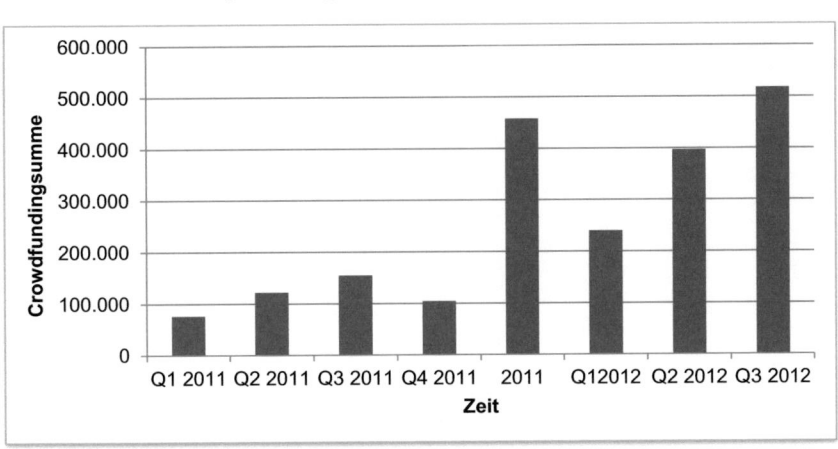

Quelle: Eigen Darstellung in Anlehnung an: Portal Für-Gründer.de (Hrsg.), 2012a: Crowdfunding-Monitor. URL: http://www.fuer-gruender.de/kapital/eigenkapital/crowd-funding/monitor/ (abgerufen am 18.12.2012).

Der Markt in den USA besitzt weit größere Dimensionen. So hat der weltweite Crowdfunding Marktführer Kickstarter bisher 80.997 Projekte gestartet. 34.115 (43,71%) davon waren erfolgreich und konnten die angestrebte Summe einsammeln. Insgesamt wurden bisher 381 Millionen Dollar in abgeschlossene Projekte investiert. Auch wurden bisher schon 17 Projekte finanziert, bei denen die Fundingschwelle bei einer Millionen Dollar oder höher lag.

---

[82] Vgl. Portal Für-Gründer.de, 2012, online.

Es wird deutlich, dass der deutsche Markt noch erhebliches Entwicklungspotenzial hat. Der große Vorsprung amerikanischer Plattformen kommt sicherlich durch die bereits in Kapitel 3.7 dargestellten Unterschiede der potenziellen Anleger und des Marktumfeldes in seiner Gesamtheit, zu Stande. Auch die geförderten Projekte unterscheiden sich in ihrer Art und Ausgestaltung. Projekte auf deutschen Plattformen konzentrieren sich insbesondere auf kleine Projekte, mit geringem Kapitalbedarf aus den Bereichen Kunst & Theater, kleine Film- und Photographieprojekte sowie Gelder für Musikprojekte auf örtlicher Ebene.[83] Amerikanisches Crowdfunding hat den Fokus zwar auch auf kulturellen Projekten, allerdings finden auch eine Vielzahl von Fundings mit weit höheren Beträgen, in den Bereichen Software- und Spieleentwicklung, Design oder Technologie statt. So wurden 15 der 17 Fundings die ein Volumen von über einer Millionen Dollar einbrachten, in Projekte aus diesen Bereichen investiert. Bereiche in denen deutsche Crowdfunding-Plattformen bzw. deutsche Kapitalnachfrager über Crowdfunding noch erhebliches Potenzial nach oben haben.[84]

4.4 Allgemeine Funktionsweise des Crowdinvesting

Nachdem Crowdinvesting bereits definiert und gegenüber verwandten Begriffen abgegrenzt wurde, erfolgt nun eine Betrachtung der allgemeinen Funktionsweise. In seiner Definition sind am Crowdinvesting -Prozess, wie in Abbildung 12 dargestellt, drei Parteien beteiligt.

Abb. 12: Beteiligte am Crowdinvesting-Prozess

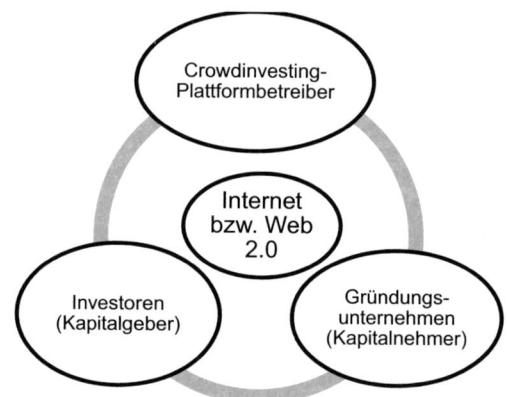

Quelle: Eigene Darstellung des Verfassers.

---

[83] Vgl. Startnext Crowdfunding (Hrsg.), 2012: Startnext Projekte. URL: http://www.startnext.de/Projekte.html (abgerufen am 20.12.2012); Vgl. Inkubato (Hrsg.), 2012: Crowdfunding für kreative Projekte. URL: http://www.inkubato.com/de/projekte/populaer (abgerufen am 20.12.2012); Vgl. Vision Bakery (Hrsg.), 2012: Alle Projekte auf einem Blick. URL: http://www.visionbakery.com/visionen/everywhere/all/all/newest_first/1/all/all_curators (abgerufen am 20.12.2012).
[84] Vgl. Kickstarter, 2012, online.

Die Gründungsunternehmen verfolgen das Ziel, Eigenkapital von den Investoren auf-zunehmen. Als Gegenleistung erhalten diese die Möglichkeit, durch eine positive Entwicklung des Unternehmens bzw. Unternehmenswertes, eine hohe Rendite zu erwirtschaften. Die Betreiber der Plattformen finanzieren sich durch Einbehaltung festgelegter prozentualer Anteile an den zustande gekommenen Fundingsummen. Nachfolgend soll ein mögliches Phasengliederungskonzept, aus Sicht eines Start-up Unternehmens vorgestellt werden.

Abb. 13: Phasen beim Crowdinvesting-Prozess

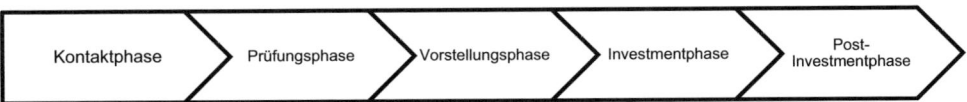

Quelle: Eigene Darstellung des Verfassers.

In der Kontaktphase vergleichen Unternehmer zunächst unterschiedliche Plattfor-men. Wichtig ist zu klären, ob die Plattform das geeignete Umfeld für das eigene Un-ternehmen bietet. Bereits finanzierte Unternehmen auf den jeweiligen Plattformen können dabei ein guter Anhaltspunkt sein. Ebenso sollten die bestehenden Regula-rien hinsichtlich Kosten der Plattform, Art der Beteiligung, maximale Beteiligungshö-he und Beteiligungsdauer geklärt werden. In der zweiten Phase, prüfen die Crowdin-vesting-Plattformen die eingereichten Unternehmensunterlagen. Häufig wird in die-sem Rahmen eine Art „Due Dilligence" durchgeführt und die Plattform bewertet das angestrebte Geschäftsmodell. Die Unternehmensbewertung bildet die Grundlage für den Investmentprozess. Kommen beide Parteien überein, so werden die Verträge abgeschlossen. In der dritten Phase etabliert und entwickelt das Unternehmen ein Investmentprofil auf der Plattform. Im Fokus steht hier eine investorenfreundliche Gestaltung des Auftritts. Auf einen Blick sollen alle investitionsrelevanten Informatio-nen zur Verfügung stehen. Häufig verwendet werden unter anderem Videopräsenta-tionen, detaillierte Beschreibungen der Geschäftsidee oder die Veröffentlichung gan-zer Business Pläne. Mit der Investmentphase beginnt das eigentliche Crowdinves-ting. Die Dauer dieser Phase wird individuell mit den Plattformen vereinbart. Gelingt es mindestens die angestrebte Fundingschwelle zu erreichen, gilt das Vorhaben als erfolgreich und die Investmentphase als abgeschlossen. Als letztes schließt sich eine Post-Investmentphase an. Hierbei werden zunächst die Verträge abgewickelt. Die Investoren, von nun an Anteilseigner, erhalten entsprechende Beteiligungsverträge und das Gründungsunternehmen erhält das eingesammelte Kapital zur Umsetzung der Geschäftsidee. Die Post-Investmentphase dauert bis zum Ende der Beteili-gungsdauer an. Neben der Umsetzung der Geschäftsidee ist das Unternehmen wei-terhin verpflichtet, die Crowdinvesting-Plattform zur Kommunikation mit den Anteilseignern zu nutzen und regelmäßige Angaben zur wirtschaftlichen Entwicklung bekannt zu geben.[85]

4.5 Rechtliche Rahmenbedingungen des Crowdinvesting

Im Folgenden sollen die rechtlichen Rahmenbedingungen von Crowdinvesting erläutert werden. Dadurch wird eine detaillierte und tiefgreifende Analyse des Crowdinvesting-Marktes gewährleistet. Darüber hinaus werden wichtige Kenntnisse gewonnen, die im späteren Vergleich mit Venture Capital-Finanzierungen Anwendung finden.

Der Begriff „Crowdinvesting" findet sich in keinem Gesetz. Es existieren verschiedene Crowdinvesting-Plattformen mit unterschiedlichen Beteiligungsmöglichkeiten. Die jeweilige, individuelle Vertragsausgestaltung bestimmt dabei, welche Vorschriften zu beachten sind. Für den Betrieb einer Crowdinvesting-Plattform sind Erlaubnispflichten nach dem Kreditwesengesetz (KWG) oder dem Zahlungsdiensteaufsichtsgesetz (ZAG) relevant. Auch das Wertpapierhandelsgesetz kann, je nach rechtlicher Ausgestaltung, von Bedeutung sein. Für den Anbieter von Beteiligungen, also die Unternehmensgründer, stellt sich die Frage, ob sie einer Prospektpflicht nach dem Vermögensanlagegesetz (VermAnlG) oder dem Wertpapierprospektgesetz (WpPG) unterliegen.

4.5.1 Erlaubnispflicht der Crowdinvesting-Plattformbetreiber

Nach § 32 Absatz 1 Satz 1 KWG ist eine Erlaubnis dann notwendig, wenn im Inland Bankgeschäft betrieben oder Finanzdienstleistungen erbracht werden sollen und wenn dies gewerbsmäßig oder in einem Umfang geschehen soll, der einen in kaufmännischer Weise eingerichteten Geschäftsbetrieb erfordert. Die Notwendigkeit eines kaufmännisch eingerichteten Geschäftsbetriebs richtet sich nach der bankwirtschaftlichen Verkehrsauffassung. Eine erlaubnispflicht nach § 8 Absatz 1 Satz 1 ZAG gilt für Betreiber, die im Inland Zahlungsdienste als Zahlungsinstitut erbringen wollen. Geschäfte gelten als gewerbsmäßig betrieben, wenn sie auf eine gewisse Dauer angelegt sind und einen entgeltlichen Charakter haben, der Betreiber also eine Gewinnerzielungsabsicht verfolgt. Eine Erlaubnispflicht nach dem KWG setzt voraus, dass es sich bei den Unternehmensbeteiligungen, die über die Plattform angeboten werden, um Finanzinstrumente im Sinne des § 1 Absatz 11 KWG handelt.[86]

Als Finanzinstrumente werden unter anderem Wertpapiere und Vermögensanlagen im Sinne des § 1 Absatz 2 VermAnlG gesehen. Zu den Wertpapieren zählen alle Gattungen von übertragbaren Wertpapieren, die ihrer Art nach auf den Kapitalmärkten handelbar sind. Darunter fallen u.a. Aktien und vergleichbare Anteile an juristi-

---

[85] Vgl. Portal Für-Gründer.de (Hrsg.), 2012b: Crowdinvesting: Finanzierung für Start-ups. URL: http://www.fuer-gruender.de/kapital/eigenkapital/crowd-investing/ (abgerufen am 22.12.2012).
[86] Vgl. Bundesanstalt für Finanzdienstleistungsaufsicht (Hrsg.), 2012: Crowdfunding im Licht des Aufsichtsrechts.URL:http://www.bafin.de/SharedDocs/Veroeffentlichungen/DE/Fachartikel/fa_bj_2012_09_crowdfunding.html?nn=2818606 (abgerufen am 24.12.2012).

schen Personen, Personengesellschaften und sonstigen Unternehmen sowie Zertifikate die Aktien vertreten, Schuldtitel, Inhaber- und Orderschuldverschreibungen. Bei den Vermögensanlagen, handelt es sich u.a. um Anteile, die nicht Wertpapiere im Sinne des Wertpapierprospektgesetztes sind und die eine Beteiligung am Ergebnis eines Unternehmens gewähren sowie um Genussrechte. Über Crowdinvesting-Plattformen angebotene stille Beteiligungen, Genussrechte oder Genussscheine, fallen ebenso unter den Begriff der Finanzinstrumente und sind somit Erlaubnispflichtig. Wenn auf einer Plattform lediglich stille Beteiligungen oder Genussrechte angeboten werden und die Betreiber nach dem Geschäftsmodell keine Gelder von den Anlegern entgegennehmen, unterliegen sie keiner Erlaubnispflicht. Nehmen sie jedoch Gelder an und leiten diese an den Anbieter der Unternehmensbeteiligungen, also an die Unternehmen weiter, so kommt eine Erlaubnispflicht nach ZAG in Betracht.[87]

4.5.2 Prospektpflicht

Falls bestimmte Voraussetzungen erfüllt sind, kann eine Prospektpflicht nach dem WpPG oder nach dem VermAnlG gelten. Die Prospektpflicht soll es potenziellen Anlegern ermöglichen, sich selbst ein Bild von den Chancen und Risiken eines Projekts zu machen. Sie gilt dabei stets für den Anbieter der Beteiligung. Da beim Crowdinvesting der Betreiber einer Plattform nur die nötige technische Infrastruktur bereitstellt, tritt er nicht als Anbieter auf. Die Prospektpflicht kann also nur die Unternehmen treffen. Grundsätzlich dürfen in Deutschland Vermögensanalgen nicht ohne einen Prospekt, den die Bunddesanstalt für Finanzdienstleistungen (BaFin) zuvor gebilligt hat, öffentlich angeboten werden. Die Prospektpflicht betrifft unter anderem auch Unternehmensanteile. Zu diesen gehören Unternehmensbeteiligungen an Personengesellschaften, GmbH-Anteile, GbR-Anteile sowie stille Beteiligungen. Im § 2 Nr. 3 VermAnlG finden sich allerdings Regelungen, die Angebote bis zu bestimmten Bagatellgrenzen von der Prospektpflicht ausnehmen. So wird bei einem Emissionserlös bis zu 100.000 Euro in einem Zeitraum von 12 Monaten keine Prospektpflicht angesetzt. Weitere Ausnahmen des VermAnlG sind ein Mindestpreis von 200.000 Euro je Anteil oder maximal 20 Anteile. Allerdings stehen beide nicht in einem sinnvollen Verhältnis zum Crowdinvesting, bei dem möglichst viele Anleger und auch Investitionen mit Kleinstbeträgen ermöglicht werden sollen.[88]

4.5.3 Beteiligungsformen beim Crowdinvesting

Beim Crowdinvesting können die Investitionen unterschiedliche rechtliche Dimensionen annehmen. So lassen sich partiarische Nachrangdarlehen, typische stille Beteiligung, atypische stille Beteiligung und Genussrechte unterscheiden.

Bei einem partiarischen Darlehen erhält der Darlehensgeber keine ausschließlich feste Verzinsung, sondern partizipiert durch eine gewinnabhängige variable Vergü-

---

[87] Vgl. Bundesanstalt für Finanzdienstleistungsaufsicht (Hrsg.), 2012, online.
[88] Vgl. Bundesanstalt für Finanzdienstleistungsaufsicht (Hrsg.), 2012, online.

tung am Unternehmenserfolg. Die variable Gewinnbeteiligung kann unterschiedlich definiert werden, etwa am Gewinn vor Steuern oder am Jahresüberschuss vor Abschreibungen. Eine Rückzahlung des Darlehens im Falle einer Überschuldung des Kapitalnehmers ist, ebenso wie eine Verlustbeteiligung des Investors ausgeschlossen. Die Rückzahlung darf nur aus einem Gewinn, Liquidationserlös oder sonstigem freien Vermögen erfolgen. Von der stillen Beteiligung unterscheidet sich das partiarische Nachrangdarlehen in einigen wesentlichen Punkten. So liegt keine gemeinsame Zweckverfolgung vor und der Darlehensgeber unterliegt keiner gesellschaftsrechtlichen Treuepflicht. Desweiteren hat er keinen Einfluss auf die Geschäftsführung des Unternehmens. Kapitalmarktrechtlich hat das partiarische Nachrangdarlehen mit Gewinnbeteiligung den Vorteil, dass es ohne einen Verkaufsprospekt nach VerkProspG, öffentlich ohne Volumenbegrenzung angeboten und platziert werden darf. Das Gründungsunternehmen erhält dadurch mehr Spielraum bei der Kapitalaufnahme und verhindert die kostspielige Prospekterstellung sowie ein Gestattungsverfahren bei der BaFin. Die Prospektgesetze beziehen sich nur auf Unternehmensbeteiligungen.

Das partiarische Unternehmensdarlehen ist keine Unternehmensbeteiligung im engeren Sinne, sondern lediglich ein zweiseitiger schuldrechtlicher Vertrag, der charakterliche Züge als Eigenkapital aufweist. Bei entsprechender Ausgestaltung benötigt der Crowdinvesting-Plattformbetreiber auch keine Genehmigung nach dem Kreditwesengesetz, sondern allenfalls einen Gewerbeschein nach § 34c Gewerbeordnung (GewO). Bankaufsichtsrechtlich muss das Darlehen so ausgestaltet sein, dass bei Beendigung und Tilgung des Darlehens keine festen rückzahlbaren Gelder fixiert sind, da es sich dann um ein unerlaubtes Bankgeschäft handeln würde. Eine qualifizierte Nachrangabrede, welche die Nachrangigkeit hinter andere Gläubiger des Unternehmens festlegt ist daher weiterer Bestandteil dieser Finanzierungsform.[89] [90]

Die stille Beteiligung wird in der Bilanz des kapitalaufnehmenden Unternehmens als Eigenkapital ausgewiesen. Bei der stillen Beteiligung tritt der Kapitalgeber nach außen nicht in Erscheinung. Er ist prozentual am Gewinn beteiligt, nimmt aber nicht am Verlust teil. Er ist allerdings nicht an der Wertsteigerung des Unternehmens beteiligt, was ihn zum Geber eines partiarischen Nachrangdarlehens unterscheidet. Eine stille Beteiligung kann an Unternehmen jeglicher Rechtsform erfolgen, was diese Finanzierungsmethode für junge Start-up Unternehmen attraktiv macht. Bei der atypischen stillen Beteiligung leistet der Kapitalgeber eine Bareinlage und ist prozentual am ausgewiesenen Bilanzgewinn und Verlust beteiligt. Die Beteiligung am Verlust ist allerdings auf die Höhe der Einlage begrenzt. Im Vergleich zur typischen stillen Betei-

---

[89] Vgl. Werner, H., 2012: Darlehen mit qualifiziertem Nachrang wird nach Dr. Horst Siegfried Werner von der BaFin im Wege der Einzelfallprüfung akzeptiert.
http://finanzierungen.blogg.de/2012/04/20/darlehen-mit-qualifiziertem-nachrang-wird-nach-dr-horst-siegfried-werner-von-der-bafin-im-wege-der-einzelfallprufung-akzeptiert/ (abgerufen am 26.12.2012).
[90] Vgl. Industrie- und Handelskammer (IHK) Frankfurt am Main (Hrsg.), 2010: Mezzanine-Finanzierung, Eigenkapital oder Fremdkapital? URL: http://www.frankfurt-main.ihk.de/unternehmensfoerderung/mittelstandsfinanzierung/soll-situation/finanzierungskonzept/mezzanine/ (abgerufen am 27.12.2012).

ligung, werden abweichende Regelungen hinsichtlich der Beteiligung am Unternehmensvermögen und den stillen Reserven vereinbart. Bei Beendigung steht dem atypischen stillen Gesellschafter ein Auseinandersetzungsguthaben zu, das sich am Gesamtwert des Unternehmens orientiert.[91]

Genussrechte können vertraglich sehr frei gestaltet werden. Sie stellen Ansprüche auf Teilnahme am Gewinn und auch eine Verlustbeteiligung kann vereinbart werden. Die Vergütung orientiert sich an einem vertraglich festzulegenden Ergebnismaßstab. Auch Genussrechtsinhaber haben häufig nur geringe bzw. keinerlei Einflussmöglichkeiten oder Mitspracherechte bei der Geschäftsführung. Bei einer Insolvenz oder einer Liquidation werden sie nachrangig bedient.[92] [93]

4.6 Die Crowdinvesting Plattformen in Deutschland

In diesem Kapitel sollen die deutschen Crowdinvesting-Plattformen analysiert werden. Dabei liegt der Fokus zunächst auf einer Übersicht der tätigen Plattformen. Anschließend sollen diese hinsichtlich rechtlicher Rahmenbedingungen, Aktivitäten, Beteiligungsarten, durchgeführte und aktuelle Transaktionen und nach der Art der Gründungsunternehmen untersucht werden. Als Ergebnis soll die Erkenntnis stehen wie der deutsche Markt aufgebaut ist und für welche Unternehmen Crowdinvesting als geeignete Alternative betrachtet werden kann. Erkenntnisse sollen auch hinsichtlich der Frage gewonnen werden ob Crowdinvesting, insbesondere als Alternative zu Venture Capital-Finanzierungen, eine geeignete Alternative darstellt.

4.6.1 Übersicht: Die deutschen Crowdinvesting-Plattformen

Der deutsche Markt für Crowdinvesting befindet sich in der Anfangsphase seiner Entwicklung. Dennoch ist bereits ein größeres Angebot an Plattformen vorhanden, die in einem harten Konkurrenzkampf zueinander stehen. Tabelle 9 gibt eine Übersicht der derzeitigen Plattformen. Enthalten sind auch Plattformen, die sich aktuell noch in der Entwicklung befinden und derzeit noch keine Projekte anbieten.

---

[91] Vgl. Crowdinvestor24 (Hrsg.), 2012a: Crowdinvesting Fakten. URL:
http://www.crowdinvestor24.de/crowdinvesting/fakten/ (abgerufen am 27.12.2012).
[92] Vgl. Industrie- und Handelskammer (IHK) Frankfurt am Main (Hrsg.), 2010, online.
[93] Detaillierte Ausführungen zu den rechtlichen Rahmenbedingungen der Crowdplattform-Betreiber finden sich in Kapitel 4.7

Tab. 9: Übersicht der Crowdinvesting-Plattformen in Deutschland

Name	Status	Erfolgreich abgeschlossene Fundings	Derzeit aktive Fundings
Seedmatch	Aktiv	Ja	Ja
Innovestment	Aktiv	Ja	Ja
Mashup Finance	Aktiv	Ja	Ja
Gründerplus	Aktiv	Ja	Ja
Companisto	Aktiv	Ja	Ja
Deutsche Mikroinvest	Aktiv	Nein	Ja
bestBC	Aktiv	Nein	Ja
Bankless24	Aktiv	Nein	Ja
United Equity	Aktiv	Nein	Ja
Berlin Crowd	Aktiv	Nein	Ja
MyBusinessbacker	Aktiv	Nein	Ja
Meet & Seed	Planung	Nein	Nein
Lhinker	Planung	Nein	Nein
Welcome Investment	Planung	Nein	Nein
FoundingCrowd	Planung	Nein	Nein
Bergfürst	Entwicklung Endphase	Nein	Nein
Group Capital	Eingeschränkt aktiv	Nein	Nein

Quelle: Eigene Darstellung des Verfassers

Ende des 3. Quartals 2012, gab es fünf aktive Crowdinvesting-Plattformen, die bereits mindestens ein Funding erfolgreich abgeschlossen haben. Die Plattformen Deutsche Mikroinvest, bestBC, Bankless24, United Equity, Berlin Crowd und MyBusinessbacker sind bereits aktiv, konnten aber bisher noch keine Fundings abschließen. Group Capital bietet derzeit nur eine eingeschränkte Nutzbarkeit und Fundings können noch nicht durchgeführt werden. Mit Bergfürst, Meet & Seed, Foundingcrowd und Welcome Investment, befinden sich vier weitere Anbieter in der Planungsphase. Es besteht die Möglichkeit, dass sich weitere Plattformen in der Planungs- bzw. Entwicklungsphase befinden. In der Tabelle sind diejenigen aufgeführt, bei denen die Gründungen angekündigt wurden und der Entwicklungsfortschritt kommuniziert wird.

4.6.2 Transaktionen auf den deutschen Crowdinvesting-Plattformen

Mit Seedmatch, Innovestment, Mashup Finance, Gründerplus und Companisto, konnten bisher auf fünf Plattformen erfolgreiche Fundings durchgeführt werden (Ende 3. Quartal 2012). In Abbildung 13 sind das bisherige Gesamtvolumen und die Verteilung auf die einzelnen Plattformen dargestellt.

Abb. 14: Eingesammeltes Kapital erfolgreicher Fundings von 2011-3. Quartal 2012

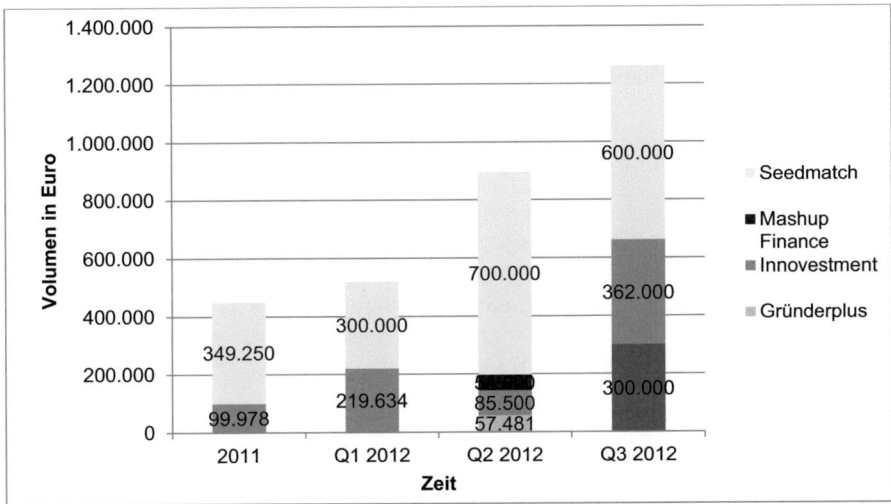

Quelle: Eigene Darstellung in Anlehnung an: Portal Für-Gründer.de (Hrsg.), 2012c: Crowdfunding und Crowdinvesting in Deutschland. URL: http://www.fuer-gruender.de/fileadmin/mediapool/Unsere_Studien/Monitor_9M_2012/Crowd_funding-Monitor_2012_9M_2012.pdf (abgerufen am 26.12.2012).

Die Gesamthöhe der bisher abgeschlossenen Fundings beträgt 3.127.843 Euro. In den ersten drei Quartalen 2012 wurden bisher rund 2,67 Millionen Euro über Crowdinvesting investiert. Im Vergleich zu 2011 entspricht dies einer Versechsfachung des investierten Betrags. Zu erkennen ist eine Marktführerschaft von Seedmatch, mit einem Anteil von 62% am Gesamtvolumen. Auf Platz zwei folgt Innovestment mit einem Anteil von gut 25%. Mashup Finance und Gründerplus konnten im 2. Quartal 2012 erste Fundings abschließen, Companisto folgte im dritten Quartal. Ihr Anteil am Gesamtvolumen aller abgeschlossener Fundings beträgt dabei 1,7 %, 1,8 % und 9,6 %. Betrachtet man weiterhin, auf welche Anzahl an Projekten sich die abgeschlossenen Transaktionen verteilen, wird die dominante Position von Seedmatch weiter verdeutlicht.

Tab. 10: Anzahl erfolgreicher Crowdinvestments von 2011- 3. Quartal 2012

	1. Quartal	2. Quartal	3. Quartal	Gesamt
Companisto	0	0	3	3
Gründerplus	0	1	0	1
Innovestment	4	0	5	9
Mashup Finance	0	1	0	1
Seedmatch	3	7	6	16
Gesamt	7	9	14	30

Quelle: Eigene Darstellung in Anlehnung an: Crowdinvestor24 (Hrsg.), 2012b: Crowdinvesting Markt Q3 2012. URL: http://www.crowdinvestor24.de/markt/ (abgerufen am 26.12.2012).

Mit 16 erfolgreichen Projekten liegt die Plattform vor Innovestment (9) und Companisto (3). Betrachtet man die Erfolgsquote, also den Anteil der erfolgreichen Projekte an der Gesamtanzahl angebotener Projekte, so liegt diese mit 85%, bzw. 30 aus 35 nach Finanzierung über Crowdinvesting suchender Unternehmen, ausgesprochen hoch. Lediglich 15% der Unternehmen konnten die „Crowd" nicht von ihrer Idee überzeugen und erhielten keine Finanzierung.[94]

4.7 Vergleich der Plattformen und ihrer rechtlichen Rahmenbedingungen

In diesem Abschnitt sollen die Modelle der deutschen Crowdinvesting-Plattformen vorgestellt und in einem Vergleich analysiert werden. Sinnvoll ist es beim derzeitigen Marktführer Seedmatch zu beginnen.

4.7.1 Die Plattform Seedmatch

Seedmatch wurde im August 2011 gegründet. Kapitalgeber können ab einem Betrag von 250 Euro in Projekte investieren. Dazu ist zunächst, wie bei allen Crowdinvesting-Plattformen, eine kostenlose Registrierung notwendig. Die Investition hatte bis zum 29. November 2012 die Form einer stillen Beteiligung, ab diesem Datum den Charakter eines partiarischen Nachrangdarlehens. Das wesentliche Renditepotenzial liegt dabei in der Partizipation am wirtschaftlichen Erfolg des Start-ups, welches nach Auslaufen der Mindestvertragslaufzeit durch Kündigung des Beteiligungsvertrages realisiert werden kann. Neben diesem „Bonuszins nach Kündigung" besteht auch die Möglichkeit an den Erlösen aus einem Exit, an einem „Bonuszins nach Exitereignis" zu partizipieren.[95]

---

[94] Vgl. Portal Für-Gründer.de (Hrsg.), 2012, online.
[95] Vgl. Seedmatch GmbH (Hrsg.), o.J.: Seedmatch Crowdfunding für Start-ups. URL: https://www.seedmatch.de/ueber-uns/fuer-investoren (abgerufen am 26.12.2012).

Das partiarische Nachrangdarlehen ermöglicht prospektpflichtfreie Fundings mit Investitionsgesamtbeträgen von über 100.000 Euro. Die feste Verzinsung der Investitionssumme beträgt 1% p.a. Den Investoren wird kein Verwässerungsschutz ihrer Anteile gewährt. Zusätzliche Investitionsrunden verringern die jeweiligen Anteilsquoten. Allerdings sinkt die Anteilsquote proportional zur Steigerung des Unternehmenswertes, so dass die Beteiligung wertmäßig unverändert bleibt. Ein Verlust der Kapitalgeber ist auf die Höhe der Investition beschränkt. Alle Investments werden auf einem Konto eines externen Dienstleisters verwaltet und bei erfolgreichem Funding an die Gründungsunternehmen ausgezahlt. Investoren besitzen keine Mitspracherechte, haben aber Informationsrechte, insbesondere auf Quartalsberichte und einen Jahresbericht, den das Unternehmen über den Investor-Relations-Kanal auf Seedmatch zur Verfügung stellen muss. Investoren können nur natürliche Personen sein, Firmen dürfen keine Investments tätigen. Allerdings strebt die Plattform eine solche Erweiterung an.

Nach Freischaltung eines Fundings auf der Plattform, haben die Investoren 60 Tage Zeit um in das Start-up zu investieren. Danach besteht eine einmalige Verlängerungsmöglichkeit um weitere 30 Tage. Seedmatch finanziert sich durch ein Erfolgshonorar, welches bei einem erfolgreichen Funding zwischen 5% und 10% liegt. Bei erfolglosen Fundings erhält die Plattform kein Honorar und die Investoren erhalten ihre Gelder zurück. Ist ein Funding erfolgreich, so beträgt die Laufzeit in der Regel zwischen 5 und 7 Jahren. Danach können Investoren ihre Beteiligungen jährlich beenden. Sollte Seedmatch den angebotenen Dienst einmal aufgeben, so sind die Verträge weiter rechtsgültig, da sie unabhängig von der Plattform zwischen Investoren und Start-ups geschlossen wurden, was auch bei allen anderen Plattformen in gleicher Weise geregelt ist.[96]

Aus Sicht der Gründungsunternehmen gestaltet sich der Crowdinvesting-Prozess in folgender Weise: Seedmatch genehmigt nur Start-ups mit Sitz in Deutschland. Die Rechtsform sollte eine GmbH oder eine UG sein, Beteiligungen an Aktiengesellschaften sind nicht möglich. Das Unternehmen bewirbt sich unter Einreichung verschiedener Präsentationen oder eines Business Plans bei Seedmatch, die anschließend über die Aufnahme beraten. Bei Genehmigung, muss das Unternehmen eine Fundingschwelle und ein Fundinglimit festlegen (also die minimale und maximale Fundingsumme). Wird die Schwelle erreicht, ist das Funding erfolgreich und die Beteiligungsverträge werden wirksam. Um das Unternehmen besser analysieren zu können, führt Seedmatch selbst eine Unternehmensbewertung durch. Dabei wird auf Grundlage eines geprüften Business Plans des Start-up Unternehmens eine Bewertung nach dem Discounted-Cashflow-Verfahren angewandt.[97] Dieser Unternehmenswert dient als Basis, um sogenannte Multiplikatoren abzuleiten. Der Vergleich der berechneten Multiplikatoren mit den Multiplikatoren vergleichbarer Unternehmen, ermöglicht die Angemessenheit der Unternehmensbewertung, im Wettbewerbsver-

---

[96] Vgl. Seedmatch GmbH (Hrsg.), o.J., online.
[97] Vgl. Seedmatch GmbH (Hrsg.), o.J., online.

gleich einschätzen zu können, gemäß dem Ansatz das ähnliche Unternehmen auch ähnlich bewertet werden wie das zu bewertende Unternehmen.[98]

4.7.2 Die Plattform Innovestment

Die bislang zweiterfolgreichste Plattform Innovestment, bietet im Gegensatz zu Seedmatch atypische stille Beteiligungen an. Die Investoren sind hierbei gemäß ihrer erworbenen Beteiligungsquote am jährlichen Gewinn oder Verlust des Start-ups beteiligt, welcher sich aus dem steuerlichen Jahresabschluss ergibt. Die Informationsrechte decken sich mit denen der Investoren auf Seedmatch (Quartalsbericht, Jahresabschluss, Kommunikation außergewöhnlicher Geschäftsereignisse und Updates über die Plattform). Die Dauer der atypischen stillen Beteiligung ist unbefristet. Nach 3 Jahren haben die Investoren erstmals das Recht auf Kündigung und Rückzahlung, nach 7 Jahren kann das Start-up die Beteiligung regulär kündigen. Im Falle einer Kapitalerhöhung um mehr als 10 % ändert sich die Beteiligungsquote der Investoren anteilig gemäß der Änderung der Eigentumsverhältnisse. Im Falle eines Unternehmensverkaufs wird der Investor gemäß seiner Beteiligungsquote an den Erlösen beteiligt. Die Unternehmensbewertung wird bei Innovestment nicht anhand kapitalmarkttheoretischer Modelle wie dem DCF-Verfahren durchgeführt, sondern der „Crowd" im Rahmen einer Auktion überlassen. Bei jeder Auktion werden vom Start-up der minimale und maximale Kapitalbedarf, die maximale Anzahl auszugebender Anteile und ein Mindestpreis pro Anteil als Startpreis festgelegt. Erfolgreiche Gebote werden in einem ersten Schritt durch die Gebotshöhe und in einem zweiten durch den Zeitpunkt des Geboteingangs bestimmt. Der aktuelle Anteilspreis wird durch das geringste erfolgreiche Gebot bestimmt, welchen am Ende alle Bieter zahlen. Des Weiteren besitzt jede Auktion eine feste Anteilsgröße (z.B. 0,1 % oder 0,3 %). In der Auktion können die Investoren auf einen oder auf mehrere dieser Anteile bieten.[99]

4.7.3 Die Plattform Mashup Finance

Auf der Plattform Mashup Finance können Investoren ab einem Betrag von 100 Euro Genussrechte erwerben. Der Genussrechtinhaber erhält Anspruch auf Teilhabe am Unternehmenserfolg. Er ist kein Gesellschafter, hält keine Mitwirkungs- oder Kontrollrechte, sondern mitgliedschaftsähnliche Vermögensrechte. Mashup Finance betont im besonderen Maße, dass sich das Angebot nicht nur an Gründungsunternehmen, sondern auch an bereits etablierte Unternehmen mit Kapitalbedarf für wachstumsorientierte Investitionen richtet. Des Weiteren liegt kein Fokus auf einer bestimmten Branchenzugehörigkeit und sowohl technologieorientierte Unternehmen als auch klassische Handwerksbetriebe werden auf der Plattform ebenso wie Start-ups und

---

[98] Vgl. Ernst, D.; Schneider, S.; Thielen, B.: Unternehmensbewertungen erstellen und verstehen, 4. Aufl., München: Vahlen 2010, S.173f.
[99] Vgl. Innovestment GmbH (Hrsg.), 2011: Warum Innovestment? URL: http://www.innovestment.de/startups.html (abgerufen am 28.12.2012).

mittelständische Unternehmen direkt angesprochen. Allerdings fordert Mashup Finance von den Unternehmen einen regionalen Fokus auf das Bundesland Bayern.[100]

4.7.4 Die Plattform Companisto

Die Plattform Companisto legt für die angebotenen Crowdinvestments eine sehr niedrige Mindestbeteiligungssumme von 5 Euro fest, die Mindestbeteiligungsdauer beträgt 10 Jahre. Die Investoren werden an einer atypischen stillen Beteiligung unterbeteiligt. Companisto hat bei der Vertragsausgestaltung einen Fokus auf Anschlussfinanzierungen der Start-up Unternehmen durch Venture Capital-Gesellschaften oder Business Angels gelegt. An dieser Stelle wird bereits deutlich, in welch enger Beziehung Crowdinvesting und Venture Capital stehen und als einander ergänzende Instrumente für eine effektive Gründungs- bzw. Anschlussfinanzierung eingesetzt werden können. Companisto bündelt die Beteiligungen der Investoren, auch „Companisten" genannt und nur Compansito beteiligt sich direkt mit einer atypischen stillen Beteiligung an einem Start-up Unternehmen. Die Companisten sind über Unterbeteiligungsverträge am Gewinn, an potenziellen Exit-Erlösen und am Unternehmenswert des Start-ups beteiligt. Wird ein Start-up während der Beteiligungsdauer nicht verkauft, so erfolgt bei Beendigung der Beteiligung eine Unternehmensbewertung nach dem DCF-Verfahren und die Investoren werden gemäß ihrer Anteile ausbezahlt. Ein Minimumbetrag, der für ein erfolgreiches Funding erreicht werden muss sowie ein Maximumbetrag sind ebenfalls vorhanden. Companisto finanziert sich über eine erfolgsabhängige Provision von 9 % der gesammelten Investitionssumme, die vom Start-up Unternehmen zu zahlen ist. Im Insolvenzfall besteht für die Investoren keine Nachschusspflicht, der maximale Verlust ist also auf die jeweilige Beteiligungssumme beschränkt. Die Beteiligungen der Investoren werden von der Companisto Venture Capital GmbH, eine zweite und von der Companisto GmbH getrennte Gesellschaft verwaltet. Sie betreibt kein operatives Geschäft und dient in erster Linie der Vermeidung des Insolvenzrisikos. Die maximale Finanzierungssumme beträgt derzeit 100.000 Euro, mittelfristig sollen aber auch Finanzierungsrunden mit höherem Kapitalbedarf angeboten werden.[101]

4.7.5 Die Plattform Gründerplus

Crowdinvestments auf der Plattform Gründerplus sind ab einem Betrag von 50 Euro möglich. Auch Gründerplus unterscheidet sich von den anderen Plattformen durch ein besonders Alleinstellungsmerkmal. So können sowohl Privat- als auch Firmen-Investoren Beteiligungen an Unternehmen erwerben. Die Beteiligungen haben dabei die Form stiller Beteiligungen. Das maximale Risiko beschränkt sich auf die Höhe der Beteiligung, eine Nachschusspflicht besteht nicht. Die Laufzeiten liegen je nach Projekt zwischen 5 und 7 Jahren. Nach Ende der Beteiligungsdauer wird bei einer Be-

---

[100] Vgl. Mashup Finance UG (Hrsg.), o.J.: http://mashup-finance.de/fuer-investoren/investieren-faq/ (abgerufen am 28.12.2012).
[101] Vgl. Companisto GmbH (Hrsg.), 2012: Companisto. Deine Start-ups. Häufig gestellte Fragen. URL: https://www.companisto.de/faq (abgerufen am 29.12.2012).

endigung auf Grundlage einer Unternehmensbewertung das investierte Kapital auf Basis des ermittelten Neuanteils ausgezahlt. Gründerplus selbst finanziert sich durch eine im Vorfeld vertraglich geregelte Nutzungsgebühr, die 5-10% der Investitionssumme entspricht. Derzeit liegt der Fokus der Plattform auf Unternehmen aus dem Bereich e-Commerce. Mittelfristig sollen jedoch auch Start-ups aus anderen Bereichen die Plattform nutzen können.[102]

4.7.6 Überblick und zusammenfassender Vergleich

Die aus der Analyse gewonnenen Ergebnisse sind in Tabelle 11 (S.47) nochmals vergleichend zusammengefasst. Ebenfalls enthalten sind die im 4.Quartal erfolgreich abgeschlossenen Projekte sowie das generierte Volumen auf den jeweiligen Plattformen. Die Crowdinvesting-Plattformen unterscheiden sich in vielen Punkten deutlich voneinander. Unternehmen sollten sich genauestens mit den jeweiligen Regularien befassen. Auch Investoren sollten die angebotenen Beteiligungsformen und deren Unterschiede kennen, um ihre persönlichen Interessen und Bedürfnisse mit dem Anlageobjekt vereinen zu können.

4.8   Besonderheiten weiterer Crowdinvesting-Plattformen

Um dem Anspruch einer Analyse des gesamten Crowdinvesting-Marktes gerecht zu werden, erfolgt an dieser Stelle eine Untersuchung der zum jetzigen Zeitpunkt noch in Planung befindlichen Plattformen. Einige konnten im 4. Quartal 2012 erste Fundings erfolgreich platzieren oder gar abschließen. Des Weiteren gibt es Anbieter, die weitere Beteiligungsformen anbieten bzw. anbieten werden. Der Markt erhält dadurch weitere Teilnehmer und eine tiefere Diversifizierung des Angebots. Die Plattformen Deutsche Mikroinvest, bestBC, Bankless24, United Equity, Berlin Crowd und MyBusinessbacker haben bereits erfolgreich Fundings platziert. Tabelle 12 (S.48) zeigt aktuell laufende bzw. im 4. Quartal 2012 erstmals abgeschlossene Fundings. Dadurch wird es möglich das Gesamtvolumen aller erfolgreichen Crowdinvesting-Projekte zu ermitteln und das Jahr 2012 in seiner Gesamtheit zu betrachten.

---

[102] Vgl. Gründerplus GmbH (Hrsg.), o.J.: Gründerplus Crowdinvesting. Das Plus für Gründer. URL: https://www.gruenderplus.de/index.php/crowd-ups.html (abgerufen am 29.12.2012).

Tab. 11: Vergleich der Crowdinvesting-Plattformen mit abgeschlossenen Fundings bis einschließlich 3. Quartal 2012

	Seedmatch	Innovestment	Companisto	Mashup Finance	Gründerplus
Rechtsform der Plattformbetreiber	GmbH	GmbH	GmbH	UG	GmbH
Art der Beteiligung	Partiarisches Nachrangdarlehen	Atypische stille Beteiligung	Unterbeteiligungsvertrag an einer atypischen stillen Beteiligung	Genussrechte	Stille Beteiligung
Mindestbeteiligungssumme	250 €	1000 €	5 €	100 €	50 €
Beteiligungsdauer (mindestens)	5-7 Jahre	3-7 Jahre	10 Jahre	Je nach Vertragsgestaltung	5-7 Jahre
Beteiligungsberechtigt	Nat. Personen	Nat. Personen	Nat. Personen	Nat. Personen	Nat. + jur. Personen
Unternehmenstypen	Start-ups, Fokus: B2C, Cleantech, Social Business	Start-ups aus Technologiebranche	Start-ups aller Bereiche	Start-ups und Unternehmen in fortgeschrittener Wachstumsphase/ Mittelstands unternehmen	Start-ups aus dem e-Commerce Bereich
Maximales Fundingvolumen	200.000 €	100.000 €	100.000 €	100.000 €	100.000 €
Bis einschließl. Q.3 2012 durchgeführte Fundings	16	9	3	1	1
In Q.4 2012 abgeschlossene Projekte	8	4	3	0	0
In Q.4 abgeschlossenes Volumen in €	1.020.000	468.000	250.000	0	0
Finanzierung der Plattform (in % der Fundingsumme)	5-10%	8%	9%	5-10%	5-10%
Besonderheiten	Bislang Marktführer, Fundings über 100.000 €	Ratingprozess bzw. Unternehmensbewertung durch die Crowd	Unterbeteiligungsverträge, Abstimmung auf Anschlussfinanzierungen durch VC-Gesellschaften	Regionaler Fokus auf Bayern, Genussrechte	Fokus e-Commerce, Privat + Firmeninvestoren

Quelle: Eigene Darstellung des Verfassers

Tab. 12: Vergleich weiterer aktiver Crowdinvesting-Plattformen

	Deutsche Mikroinvest	bestBC	Bankless24	United Equity	Berlin Crowd	Businessbacker
Rechtsform der Plattformbetreiber	GmbH	GmbH	GmbH	GmbH	GmbH	GmbH
Art der Beteiligung	Verschiedene Angebote	Stille Beteiligung	Genussrechte	Stille Beteiligung, Genussrechte	Stille Beteiligung	Atypische stille Beteiligung
Mindestbeteiligungssumme	Frei definierbar	250 €	100 €	100 €	100 €	100 €
Beteiligungsdauer (mindestens)	Frei definierbar	unterschiedlich	unterschiedlich	5-10 Jahre	4-6 Jahre	-
Beteiligungsberechtigt	Privatpersonen	Privatpersonen	Privatpersonen + Unternehmen	Privatpersonen + juristische Personen	Nat. Personen	Nat. Personen
Unternehmenstypen	Start-ups + Mittelständler aller Branchen	Start-ups	mittelständische Unternehmen	Start-ups + etablierte KGs	Start-ups	Start-ups
Maximales Fundingvolumen	Bis zu 25. Millionen €	100.000 €	Bis über 100.000 €	100.000 €	100.000 €	Bis über 100.000 €
In Q.4 2012 abgeschlossene Projekte	1	0	0	0	0	0
In Q.4 abgeschlossenes Volumen in €	46.000	0	0	0	0	0
In Q.4 laufende Projekte die 2013 abschließen	4	2	2	2	1	2
Finanzierung der Plattform (in % der Fundingsumme)	3-11 % (je nach Kategorie)	10%	k.A.	8-10%	5%	8%
Besonderheiten	Verschiedene Fundingkategorien, Fundings bis 25. Millionen €	-	Fokus auf mittelständische Unternehmen	Unternehmen müssen Kap. Ges. sein, Rating durch die Crowd	Crowdfunding + Crowdinvesting	Angeschlossene Unternehmensberatung für die Start-ups

Quelle: Eigene Darstellung des Verfassers

Auch wenn nur die Plattform Deutsche Mikroinvest ein erfolgreiches Funding im 4. Quartal 2012 durchführen konnte, besitzen die Anbieter Potenzial. So laufen aktuell 13 Projekte die im 1. Quartal 2013 erfolgreich beendet werden können. Diese Anzahl wäre in ähnlicher Größenordnung, wie die der bereits „etablierten fünf", erfolgreich beendeten Projekte im 4. Quartal 2012 (15). Insgesamt konnten nunmehr sechs Plattformen erfolgreiche Projekte im Jahr 2012 durchführen. Das generierte Gesamtvolumen beträgt 1.781.000 Euro im 4. Quartal, bzw. 4.462.615 Mio. Euro im Gesamtjahr 2012. Im Vergleich zum 3. Quartal (1.262.000 Euro) entspricht dies einem Anstieg von 29,14%. Das Volumen hat sich somit in allen 4.Quartalen erhöht. Unter Berücksichtigung, dass weitere sechs Plattformen (bisher angekündigt) 2013 ihren Betrieb aufnehmen werden, kann tendenziell von einem weiter steigendem Volumen und einer wachsenden Nachfrage nach Finanzierungen durch Crowdinvesting ausgegangen werden.

Einige der Plattformen erweitern die Möglichkeiten des Crowdinvesting durch neue Geschäftsmodelle. So steckt hinter Berlin Crowd die erste Plattform, die sowohl Crowdfunding als auch Crowdinvesting Projekte anbietet. Investoren können sich an Start-up Unternehmen entweder durch Crowdfunding beteiligen und erhalten bestimmte Geschenkleistungen oder sie erwerben im Rahmen eines Crowdinvesting stille Beteiligungen[103]. Mybusinessbacker bietet den Start-ups angeschlossene Unternehmensberatungen nach der Fundingphase, zur weiteren Intensivierung und Verbesserung der Prozessabläufe an[104]. Bankless24 legt als erste Plattform den Fokus ausschließlich auf mittelständische Unternehmen[105]. Auch die Deutsche Mikroinvest bezieht mit einem möglichen Fundingvolumen von bis zu 25. Millionen Euro den Mittelstand mit ein. Des Weiteren werden unterschiedliche Fundingkategorien unterschieden und es gibt grundsätzlich keine festgelegten Mindestbeteiligungssummen, Laufzeiten oder Beteiligungsarten, sondern individuell ausgearbeitete Verträge[106].

Auch die derzeit noch in Planung bzw. im fortgeschrittenen Stadium der Endentwicklung befindlichen Plattformen verfolgen teilweise weitere neue Ansätze und individuelle Prozessideen. Die Plattform welcome Investment bietet neben der Möglichkeit für private Investoren und Business Angels in Unternehmen zu investieren eine Art Dienstleistung-gegen-Equity-Konzept an. Experten in gefragten Bereichen können dem Start-up Unternehmen ihre Dienstleistung anbieten und erhalten im Gegenzug Unternehmensanteile. Lhinker und Meet & Seed sind erst am Beginn ihres Entwicklungsprozesses und haben noch keine näheren Informationen über den Investmentprozess und die geltenden Rahmenbedingungen veröffentlicht. Group Capital hat bereits für zwei Unternehmen ein Crowdrating freigeschaltet. Erhalten die Unternehmen ein gewisses Rating, also eine positive Bewertung der Crowd, können Sie Kapital von bis zu 250.000 Euro in Form von stillen Beteiligungen oder partiarischen Nachrangdarlehen einsammeln.

Das derzeit innovativste Konzept erarbeitet die Plattform Bergfürst. Investoren können hier stimmberechtigte Eigenkapitalbeteiligungen in Form von Aktien erwerben. Die Mindestinvestitionssumme beträgt 250 Euro. Die Zuteilung findet dabei durch ein

---

[103] Vgl. Berlin Crowd GmbH (Hrsg.), 2012: Berlin Crowd, Crowdfunding für Berlin. FAQ für Investoren. URL: https://www.berlincrowd.com/faq/crowdfunding-backer#investor_who-can (abgerufen am 30.12.2012).
[104] Vgl. Mybusinessbacker GmbH (Hrsg.), 2012: Mybusinessbacker FAQ. URL: https://www.mybusinessbacker.de/faq.html (abgerufen am 30.12.2012).
[105] Vgl. Bankless24 (Hrsg.), o.J.: Bankless24. Finanzieren Sie ihr Vorhaben direkt. URL: https://www.bankless24.de/de/fuer-emittenten/finanzieren (abgerufen am 30.12.2012).
[106] Vgl. Deutsche Mikroinvest GmbH (Hrsg.), 2012a: FAQ für Unternehmer. URL: https://www.deutsche-mikroinvest.de/de/projekt-starten/auf-einen-blick-faq (abgerufen am 30.12.2012).

Bookbuilding-Verfahren statt, bei dem Investoren ihre Gebote abgeben können. Anschließend können die Anteile elektronisch gehandelt, je nach Angebot und Nachfrage gekauft und verkauft werden. Für die Orderausführung berechnet Bergfürst 5 Euro, zuzüglich der Mehrwertsteuer. Ermöglicht wird dieses Modell durch eine BaFin-
Lizenz der Plattform. Bergfürst wird somit der einzige Crowdinvesting-Anbieter, mit
einer BaFin-Lizenz und einer Erlaubnis nach dem KWG. Als einzige Plattform können auf Bergfürst Fundings mit einer Investitionssumme von über 100.000 Euro
durchgeführt werden, ohne auf Beteiligungsformen wie partiarische Nachrangdarlehen zurückgreifen zu müssen.[107]

4.9 Kategorisierung der Gründungsunternehmen bei Crowdinvestings

Um eine Einordnung des Crowdinvesting im Vergleich zu Venture Capital-
Finanzierungen durchführen zu können, bedarf es einer Untersuchung der Struktur
und Art der potenziellen Investitionsobjekte. Venture Capital-Gesellschaften legen
wie Business Angels einen Fokus auf technologieorientierte Unternehmen. Die Unternehmen befinden sich dabei entweder in der Start-up Phase und benötigen eine
Gründungsfinanzierung oder in der Wachstumsphase und benötigen Kapital für
Wachstumsprozesse und Markterschließungen. Beim Crowdinvesting kann eine klare Tendenz zu Start-up Finanzierungen ausgemacht werden.

Allerdings bieten einige Plattformen auch für fortgeschrittene Unternehmen Crowdfi-
nanzierungen an. Beim Crowdinvesting ist die Technologieorientierung und der Inno-
vationscharakter des Unternehmens allerdings nicht Voraussetzung für eine erfolgreiche Finanzierung, denn auch Unternehmen aus Low-Tech Branchen können je
nach Plattform ein Funding platzieren. Dennoch legen die meisten Plattformen in ihren Grundvoraussetzungen für eine erfolgreiche Bewerbung und Platzierung einen
gewissen Innovationsgrad bzw. eine Fokussierung auf Produkte und Dienstleistungen fest, deren Nutzen und Funktionen mit den Interessen und Erwartungen der
Crowd übereinstimmen. Vor dem Hintergrund des Web 2.0 kann davon ausgegangen werden, dass Investoren auf Crowdinvesting-Plattformen eine gewisse technische Affinität besitzen und Unternehmen mit einer technischen Ausrichtung und einem gewissen Mindestgrad an Innovationskraft auf breitere Unterstützung treffen
und eine höhere Wahrscheinlichkeit für ein erfolgreiches Funding haben.

Diese Einschätzung wird durch eine Kategorisierung der bislang erfolgreich abgeschlossenen Projekte bestätigt. Von den 21 Unternehmen die sich erfolgreich über
Seedmatch finanzieren konnten, kommen 14 aus der Informationstechnologiebran-
che mit einem Fokus auf Softwarelösungen bzw. Internetdienstleistungen. Die übri-
gen 7 Unternehmen sind eher dem Low-Tech Bereich zuzuordnen und bieten Dienstleistungen aus den Bereichen Fitness & Gesundheit, Ernährung und Modedesign an.
Für alle Unternehmen stellt das Internet ein wichtiges Vertriebsmedium für ihre an-

---

[107] Vgl. Bergfürst AG (Hrsg.), o.J.: Bergfürst. Die häufigsten Fragen unserer Investoren. URL:
https://de.bergfuerst.com/faq (abgerufen am 31.12.2012).

gebotenen Dienstleistungen dar. 12 der 14 „High-Tech" Unternehmen legen ihren Fokus auf Business-to-Consumer (B2C) Anwendungen. Lediglich zwei Unternehmen haben sich auf Business-to-Business (B2B) Anwendungen spezialisiert.[108] Auf der Plattform Innovestment sind gut dreiviertel der Unternehmen der IT-Branche mit Fokussierung auf Softwarelösungen und Internetdienstleistungen im B2C-Bereich angehörig[109]. Die auf Companisto erfolgreich finanzierten Unternehmen, sind ausschließlich auf Internetdienstleistungen und Softwarelösungen spezialisiert[110]. Von den derzeit auf der Plattform deutsche Mikroinvest laufenden Projekten (4), kommen 2 aus Low-Tech Bereichen (ein Getränkehersteller, eine Fertighausvertriebsgesellschaft) und 2 aus der IT-Branche.[111]

4.10 Crowdinvesting für den Mittelstand

Crowdinvesting ist zum gegenwärtigen Zeitpunkt ein vor allem von Start-up Unternehmen genutztes Finanzierungsinstrument. Denkbar ist Crowdinvesting auch für mittelständische Unternehmen, um neues Kapital für Wachstum und Investitionen zu beschaffen. Die Entwicklung des Crowdinvesting für mittelständische Unternehmen steht erst am Anfang. Auf der Plattform United Equity wird am 20.01.2013 das erste erfolgreiche Funding eines mittelständischen Unternehmens abgeschlossen sein, da der Mindestkapitalbedarf von 25.000 € bereits erreicht worden ist. Es handelt sich dabei um ein Tief- und Rohrleitungsbauunternehmen aus Rheinland-Pfalz mit rund 50 Mitarbeitern. Mit dem eingesammelten Kapital soll ein Mobilbagger zur Erweiterung des Maschinenparks finanziert werden. Bislang haben 45 Investoren die standardisierten Genussrechte erworben. Kritisch betrachtet werden sollte, ob es sich hierbei wirklich um das erste erfolgreiche Funding in dieser Kategorie handelt. Denn die Geschäftsführer der Plattform United Equity sind auch Geschäftsführer und Mitinhaber des Unternehmens. Die finanzierungstechnische Sinnhaftigkeit ist zweifelhaft, da sich ein Bagger auf anderem Wege sicherlich auch finanzieren ließe. Das Projekt dient dadurch wohl eher marketingtechnischen Zielen.[112] Unterm Strich bleibt dennoch die Erkenntnis, dass die „Crowd" auch Projekte akzeptiert, die keine Unternehmensgründung, sondern eine Wachstumsinvestition zu Grunde legen. Bankless24 hat sich nach eigener Aussage als erste deutsche Plattform auf den Mittelstand spezialisiert. Kritisch anzumerken ist hierbei, dass Fundings bislang auf 100.000 Euro begrenzt sind. Gerade mittelständische Unternehmen haben in der Regel einen wesentlich höheren Kapitalbedarf, der nach den aktuellen Regularien der Plattform auch durch mehrere Finanzierungsrunden kaum zu decken wäre. Im 4.

---

[108] Vgl. Seedmatch GmbH (Hrsg.), 2012a: Seedmatch Crowdfunding für Start-ups. Abgeschlossene Finanzierungen. URL: https://www.seedmatch.de/startups/abgeschlossen (abgerufen am 31.12.2012).
[109] Vgl. Innovestment GmbH (Hrsg.), 2012, online.
[110] Vgl. Companisto GmbH (Hrsg.), 2012: Companisto. Deine Start-ups. URL: https://www.companisto.de/view-all-startups (abgerufen am 31.12.2012).
[111] Vgl. Deutsche Mikroinvest GmbH (Hrsg.), 2012b: Abgeschlossene Projekte. URL: https://www.deutsche-mikroinvest.de/de/projekte/aktuelle-projekte (abgerufen am 31.12.2012).
[112] Vgl. United Equity GmbH (Hrsg.), 2012: DOMS Kabel- und Kanalbau GmbH. URL: https://www.united-equity.de/unternehmen/DOMS%20Kabel-%20und%20Kanalbau%20GmbH/investmentangebot/4/Finanzierung (abgerufen am 31.12.2012).

Quartal 2012 sind die ersten beiden Projekte gestartet. Der allgemeinen Definition für KMU folgend, handelt es sich dabei eher um kleine, als um mittlere Unternehmen[113]. Ein wesentlicher Entwicklungsschritt könnte durch den Start der Plattform Bergfürst gemacht werden. Die BaFin-Lizenz und erweiterte Regularien, ermöglichen Fundings von mehreren Millionen Euro. Zusammen mit der Möglichkeit vinkulierte Namensaktien, in einem Volumen von mehreren Millionen Euro zu vergeben, erreicht Crowdinvesting Dimensionen, die auch Mittelständler ansprechen werden.

4.11 Sekundärnutzen des Crowdinvesting für Unternehmen

Crowdinvesting besitzt neben dem primären Ziel der Kapitalbeschaffung weitere positive Eigenschaften, von denen Unternehmen profitieren können. Nicht zu verachten ist ein gewisser Werbeeffekt, der allein durch die Präsentation des Unternehmens auf der Plattform entsteht. Die angebotenen oder erzeugten Produkte und Dienstleistungen werden bekannter, was gerade für junge Start-up Unternehmen von großer Bedeutung ist. Die Crowdplattformen ermöglichen einen intensiven Kontakt zu den Investoren und stellen ein einfach und günstig zu bedienendes Medium zur Kommunikation dar. Start-up Unternehmen können dadurch einen großen Teil ihrer Investor-Relations-Pflege auf einer zentralen Plattform betreiben und in effizienter und direkter Weise alle Beteiligten erreichen.[114]

Der ermöglichte intensive Austausch zwischen Investoren und Unternehmen birgt auch Potenzial für die künftige Unternehmensentwicklung. Intensive Kommunikation und Einbeziehung der Investoren in den Unternehmensablauf, kann zu verbesserten Prozessen und einer höheren Endkundenakzeptanz und Zufriedenheit mit den erzeugten Produkten oder Dienstleistungen führen. Plattformen die einen Crowdrating-Prozess anbieten, stellen für Unternehmen ein geeignetes Instrument dar um zu testen, ob ihre Geschäftsidee Potenzial hat. Somit erhalten Gründer eine kostenlose Analyse ihrer bisherigen Arbeit und eventuelle Schwachstellen können von der Crowd beleuchtet werden. Aus den erarbeiteten Eigenschaften lässt sich die Erkenntnis ableiten, dass Crowdinvesting insbesondere für relativ unbekannte Start-up Unternehmen wichtige sekundärwirtschaftliche Effekte mit sich bringt, die von Gründern in den Entscheidungsprozess, ob man eine Finanzierung über Crowdplattformen anstrebt, in jedem Falle berücksichtigt werden sollten.

4.12 Zusammenfassung und Entwicklungsprognose

Der deutsche Crowdinvesting-Markt hat seine Entwicklung erst begonnen und noch handelt es sich bei den durchgeführten Transaktionen um relativ kleine Beträge. Insgesamt sind im Jahr 2012 4.462.615 Mio. Euro durch Crowdinvesting investiert wor-

---

[113] Vgl. Bankless24 GmbH (Hrsg.), 2012: Projektübersicht. URL:
https://www.bankless24.de/de/projekte/projektuebersicht (abgerufen am 31.12.2012).
[114] Vgl. Ollrog, M-C., 2012: Crowdfunding: Ist der Schwarm die Bank der Zukunft? http://www.finance-magazin.de/geld-liquiditaet/alternative-finanzierungen/crowdfunding-ist-der-schwarm-die-bank-der-zukunft/ (abgerufen am 01.01.2013).

den. Das Investitionsvolumen hat sich dabei jeweils zum Vorquartalsergebnis deutlich erhöht. Insgesamt wurden bisher auf 6 Crowdplattformen erfolgreiche Projekte abgeschlossen. Die Zahl der aktiven Plattformen wird sich im Jahresverlauf 2013 weiter erhöhen. Nach derzeitigem Stand werden 17 Crowdinvesting-Anbieter im Markt aktiv sein, wobei tendenziell von einer noch höheren Anzahl ausgegangen werden kann, da sich einige Vorhaben wohl erst in der zweiten Jahreshälfte realisieren werden. Durch die bereits beschriebenen unterschiedlichen Angebotsausgestaltungen, wird sich das Angebot weiter diversifizieren und eine größere Breite von Unternehmen erreichen. Ausgehend von den in der Untersuchung gewonnenen Ergebnissen ist zu erwarten, dass sich Crowdinvesting für Start-up Unternehmen weiter positiv entwickeln wird und die Anzahl der erfolgreichen Projekte weiter ansteigen wird. Auf Grund derzeit vorliegender rechtlicher Regelungen, kann das Potenzial von Crowdinvesting für mittelständische Unternehmen noch nicht ausgeschöpft werden. Auch wird sich zeigen müssen, ob eine ausreichend große Nachfrage nach einem solchen Finanzierungsmodell vorhanden ist. Hierbei ist vor allem der Erfolg der Crowdmodelle mit Investitionssummen jenseits von einer Million Euro entscheidend.

Entscheidend wird auch die Frage sein, ob der Markt eine solch große Menge an Crowdinvesting-Anbietern bedienen kann oder ob erste Plattformen bereits durch den Wettbewerb verdrängt werden. Betrachtet man die abgeschlossenes Fundings, so wird deutlich, dass Gründerplus und Mashup Finance in der zweiten Jahreshälfte 2012 keine Projekte mehr abschließen konnten, was als Zeichen für eine eintretende Marktkonsolidierung gewertet werden kann. Längerfristig ist davon auszugehen, dass sich Crowdinvesting auf einige wenige Plattformen mit großer Investorenbasis, einem hohen Grad an transparenten und effizienten Finanzierungslösungen und einer starken Medienpräsenz konzentrieren wird. Bei gleichbleibender Entwicklung, wird dieser Prozess von einer weiter steigenden Anzahl an erfolgreichen Projekten und einem stark steigendem Investitionsvolumen begleitet werden. Abbildung 15 vervollständigt das Investitionsvolumen im Jahr 2012.

Abb. 15: Volumen erfolgreicher Fundings nach Crowdplattformen im Jahr 2012

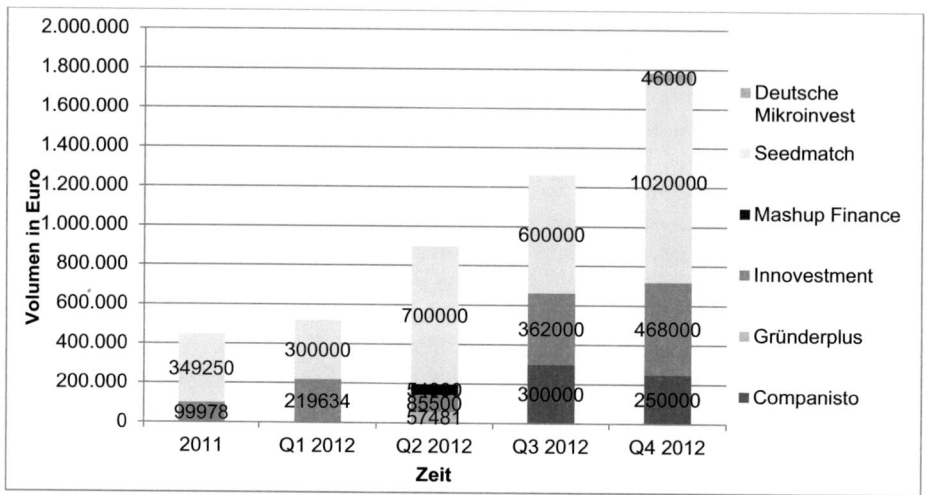

Quelle: Eigene Darstellung in Anlehnung an: Portal Für-Gründer.de (Hrsg.), 2013: Crowdinvesting Report 2012. http://www.crowdinvestor24.de/markt/ (abgerufen am 03.01.2013).

5. Crowdinvesting als innovative Ergänzung für den deutschen Venture Capital-Markt: Vergleich, Ergebnisformulierung und Zusammenfassung

Im abschließenden fünften Kapitel soll Crowdinvesting als innovative Ergänzung zu Venture Capital-Finanzierungen betrachtet werden. Zunächst erfolgt eine generelle Betrachtung des Marktes. Dabei soll insbesondere der Frage nachgegangen werden, wie sich Gründungsunternehmen finanzieren und welchen Anteil davon Beteiligungskapital ausmacht. Auch die Gründungsaktivität und das daraus ableitbare Potenzial für Crowdinvestments soll untersucht werden. Anschließend erfolgt eine Einordnung von Crowdinvesting gegenüber Venture Capital-Gesellschaften und Business Angels. Anhand erarbeiteter Innovationskonzepte und Finanzierungsstrategien, soll die Möglichkeit des Crowdinvesting aufgezeigt und sinnvoll auf dem aktuellen Marktgeschehen eingeordnet werden. Mit einer zusammenfassenden Ergebnisformulierung wir die Untersuchung abgeschlossen.

5.1 Mittel der Gründungsfinanzierung im aktuelle Marktumfeld

Von großer Bedeutung ist die Frage, welche Finanzierungsquellen junge Gründungsunternehmen in welchem Umfang nutzen. Tabelle 13 zeigt die Finanzierungsanteile bei Lowtech- und Hightech-Gründungen sowie bei jungen technologieorientierten Unternehmen im Jahr 2008.

Tab. 13: Anteile verschiedener Finanzierungsarten am gesamten Finanzierungsvolumen bei Gründungen und bei jungen Unternehmen im Jahr 2008

Durchschnittliche Finanzierungsanteile, Angaben in %	Nicht- technologieorientierte Gründungen	Technologieorientierte Gründungen	Technologieorientierte junge Unternehmen mit Beteiligungsfinanzierung
Eigenmittel	32	40	21
Cashflow	44	41	34
Kontokorrentkredit	3	4	-
Längerfristige Bankdarlehen	11	4	5
Förderdarlehen und Zuschüsse	7	6	6
Sonstige Finanzierungsquellen	2	4	5
Beteiligungskapital	1	4	29
-Business Angels			60
-VC-Gesellschaften			12
-Andere Unternehmen			8
-Öffentliche Institutionen			14
-Sonstige Investoren			6

Quelle: Eigene Darstellung in Anlehnung Röhl 2010, S.36; Ullrich 2008, S.10, online.

Beteiligungskapital macht bei Lowtech-Gründungen nur etwa 1% des Finanzierungsvolumens aus. Bei Hightech-Gründungen nahmen immerhin 4% der Unternehmen Beteiligungskapital in Anspruch. Innerhalb der Gruppe der technologieorientierten jungen Unternehmen mit Beteiligungsfinanzierung, vermutlich besonders kapitalintensiven Unternehmensgründungen, stammen fast 30% der Mittel von Beteiligungsinvestoren. Dabei ist der Finanzierungsanteil der informellen Investoren, also der Business Angels, mit 60% wesentlich bedeutender, als der von Venture Capital-Gesellschaften geleistete Anteil von 12%. Dies unterstreicht das in der Analyse festgestellte Ergebnis, bei dem Business Angels für Unternehmensgründungen eine wichtigere Rolle spielen als Venture Capital-Gesellschaften, die sich auf einige wenige, im Endstadium der Start-up Phase befindlichen, meist hochinnovativen und in der Spitzentechnologie ansässigen Unternehmen konzentrieren. Die Tabelle verdeutlicht nochmals die bereits dargestellten Probleme des deutschen Beteiligungsmarktes. Auch die Schwierigkeiten der Fremdfinanzierung, vor allem bei Hightech-

Gründungen sind klar zu erkennen.[115] Crowdinvesting kann in diesem Umfeld für einen weiteren Anstieg der Beteiligungskapitalquoten sorgen. Durch Crowdinvesting können sowohl Lowtech als auch Hightech-Gründungen Beteiligungskapital erhalten. Es kann also durchaus von einem vorhandenen Bedarf nach alternativen Finanzierungsformen auf dem Beteiligungsmarkt ausgegangen werden. Dies erfordert allerdings auch eine hohe Gründungsaktivität bzw. eine Abkehr von der vorherrschenden konservativen Investitionskultur in Deutschland.[116]

5.2 Einordnung und Vergleich des Crowdinvesting als innovative Ergänzung zu Venture Capital-Finanzierungen durch Venture Capital-Gesellschaften

Die anfangs gestellte Frage, ob Crowdinvesting eine innovative Ergänzung zu Venture Capital darstellt, kann nun durch einen Vergleich der beiden Finanzierungsformen beantwortet werden. Crowdinvesting ist derzeit vor allem für Unternehmen die sich in der Start-up Phase befinden eine alternative Finanzierungsform. Die Unternehmen sollten schon über einen detaillierten Business-Plan verfügen, die geplanten Produkte oder die geplanten Dienstleistungen sollten in ihrer Entwicklung so weit sein, dass sie in absehbarer Zeit, mit Hilfe des aufgenommenen Kapitals angeboten werden können. Unternehmen die sich noch in der Seed-Phase befinden, sind in ihrem Fortschritt in der Regel noch nicht weit genug um die Anforderungen der Crowdinvesting-Plattformen erfüllen zu können.

Wie die Analyse gezeigt hat, sind Unternehmen in der Wachstums bzw. Expansionsphase derzeit noch nicht im Fokus der Crowdplattform-Betreiber. Durch erweiterte Angebote im laufenden Jahr 2013, könnten allerdings auch bereits etablierte Unternehmen Crowdinvesting als Möglichkeit zur Kapitalbeschaffung nutzen. Plattformprojekte wie Bergfürst versprechen sich, durch BaFin-Lizenz und realisierbaren Fundings im Millionenbereich, auch Finanzierungspotenziale für mittelständische Unternehmen. Ob diese bereit sind, sich auf eine solch neue Finanzierungsform einzulassen muss an dieser Stelle kritisch betrachtet werden. Rund 95% aller KMU werden als Familienunternehmen geführt. Oft stehen diese Unternehmen bereits Private Equity-Gesellschaften eher skeptisch gegenüber und fürchten um Verlust der Tradition oder Unabhängigkeit des Betriebs und besitzen folglich nicht den Wunsch nach einer Zusammenarbeit mit potenziellen Beteiligungskapitalanbietern. Als noch unerprobte und neue Finanzierungsmöglichkeit, wird es daher auch Crowdinvesting schwer haben in diesem Bereich, zumindest kurz- bis mittelfristig, Fuß zu fassen. Wie Untersuchungen in Kapitel 3.1 gezeigt haben, stehen im Fokus von Venture Capital-Gesellschaften ebenfalls Unternehmen in der Start-up Phase. Von den Beteiligungsinvestitionen gingen in den ersten 3. Quartalen 2012 66,6 % in den Venture Capital-Bereich. 40,4 % wurden in Unternehmen investiert, die sich in der Start-up Phase befinden. Allerdings entfielen auch 12,5 % der Investitionen auf Unternehmen

---

[115] Vgl. Röhl 2010, S.35f.
[116] Detaillierte Ausführungen zur Problemanalyse des deutschen Beteiligungsmarktes finden sich in Kapitel 3.7.

in der Seed-Phase und 16,6% auf Unternehmen in der Wachstums- und Expansionsphase. Betrachtet man zunächst nur die Unternehmensphasen, so unterscheiden sich Crowdinvesting und Venture Capital-Investitionen durch Venture Capital-Gesellschaften dahingehend, dass sich Crowdinvesting, zumindest zum aktuellen Entwicklungszeitpunkt, vornehmlich Start-up Unternehmen widmet, während Venture Capital-Gesellschaften auch die Seed- und Expansionsphase abdecken.

Neben der Unternehmensphase, lässt sich eine Einteilung auch nach Unternehmenstypen vollziehen. Viele Betreiber von Crowdinvesting-Plattformen empfehlen vor allem Unternehmen mit einem technischen Fokus. Besonders innerhalb der Informationstechnologie, werden Softwarelösungen für Computer oder internetfähige Mobiltelefone und Internetdienstleistungen von der Crowd gefördert. Jedoch ist eine solche Orientierung keine Pflichtvoraussetzung. Auch Unternehmen aus technologiefernen, sogenannten Low-Tech-Bereichen, konnten bereits erfolgreiche Finanzierungen durch Crowdinvesting abschließen. Die meisten Plattformen entscheiden zum gegenwärtigen Zeitpunkt noch selbst darüber, ob ein Unternehmen die Voraussetzungen für ein erfolgreiches Funding mitbringt, während einige ein Crowdrating eingeführt haben, bei dem allein die registrierten potenziellen Investoren über das Ob und anschließend über den Mindestpreis der Anteile und dadurch auch über den Gesamtunternehmenswert entscheiden. Darüber hinaus haben die meisten Unternehmen eine klare B2C-Ausrichtung. Dies erscheint auch logisch, da schließlich eine Vielzahl an Investoren von dem angebotenen Produkt oder der angebotenen Dienstleistung überzeugt werden muss. Weiterhin sollte der Unternehmenstyp zur „Crowd" passen, sich also mit einigen charakteristischen Eigenschaften der sogenannten Web 2.0 Nutzergeneration identifizieren können. Venture Capital-Gesellschaften legen ihrerseits einen klaren Fokus auf technologieorientierte Unternehmen. Genauergesagt auf Unternehmen mit hoher Innovationstätigkeit im Bereich der Spitzentechnologie. Unternehmen aus Low-Tech-Bereichen erhalten in der Regel kein Kapital von VC-Gesellschaften.

Als weiteres vergleichendes Einordnungskriterium, lässt sich das getätigte Investitionsvolumen betrachten. Die erfolgreich abgeschlossenen Crowdinvestings betrugen im Jahr 2012 rund 4 Mio. Euro bzw. rund 2,7 Mio. Euro in den ersten drei Quartalen. Die Venture Capital-Investitionen beliefen sich in den ersten 3. Quartalen auf 391,36 Mio. Euro. Beim Crowdinvesting verteilten sich die Investitionen auf 30 Unternehmen, bei Venture Capital-Gesellschaften auf 235 Unternehmen. Während sich das Volumen bei Crowdinvesting von Quartal zu Quartal gesteigert hat und auch die Entwicklung für das Jahr 2013 durchaus positiv gesehen wird, haben VC-Gesellschaften ihre Investitionen stetig verringert. Der Anteil aller VC-Investitionen (Seed, Start-up, Wachstum) an den gesamten Beteiligungsinvestitionen belief sich in den ersten 3. Quartalen 2012 auf 10,3%, wobei 5,7% auf den Start-up-Bereich fielen.

Während Venture Capital-Beteiligungen eindeutig als zusätzliches Eigenkapital einem Unternehmen zufließen, ist die Lage bei Crowdinvesting differenzierter. Häufig handelt es sich um Beteiligungen mit Eigenkapitalcharakter, also um Mezzanine-

Produkte. Durch spezielle Vertragsausgestaltungen, können partiarische Nachrang-darlehen, mit Begründung einer Nachrangigkeit, als wirtschaftliches Eigenkapital be-handelt werden, Ebenso können auch stille Beteiligungen oder Genussrechte auf-grund des Rangrücktritts zum wirtschaftlichen Eigenkapital gerechnet werden. Ab-zuwarten bleiben hier die weiteren Entwicklungen, da ab 2013 auch handelbare Ei-genkapitalbeteiligungen durch Crowdinvesting erworben werden können. Dadurch werden klassische Venture Capital-Aktivitäten und Crowdinvesting sich ihrem Wesen nach weiter angleichen.

5.3 Einordnung und Vergleich des Crowdinvesting als innovative Ergänzung zu Venture Capital-Finanzierungen durch Business Angels

Business Angels legen bei ihren Investitionen einen klaren Fokus auf die eigentliche Frühphasenfinanzierung, also die Phasen Seed und Start-up. Dabei investieren sie ihr eigenes Geld, zusammen mit ihrer Zeit und fachlicher Kompetenz, mit dem Ziel eines finanziellen Gewinns, direkt in nicht börsennotierte Unternehmen. Da sie ihr eigenes Geld und nicht in Form von Fonds gesammeltes Kapital verschiedenster Kapitalgeber investieren, wie es VC-Gesellschaften tun, stehen sie den Einzelinves-toren beim Crowdinvesting wesentlich näher. Wie in Kapitel 3.5 ausgeführt, investie-ren auch Business Angels eher in technologieorientierte Unternehmen. Dabei gehen die in Deutschland nach Schätzungen ermittelten 2.700-3.400 aktive Business An-gels, im Durchschnitt Beteiligungen in Höhe von 100.000 Euro ein. Im Vergleich dazu liegt die durchschnittliche Beteiligungssumme bei VC-Gesellschaften mit ca. 2. Mio. Euro gut 20-mal so hoch[117].

Auf Deutschlands bislang erfolgreichster Crowdplattform Seedmatch, liegt die durch-schnittliche Investition pro Anleger bei 577 Euro[118]. Das Volumen durchschnittlicher Investitionen von Business Angels liegt genau so hoch, wie die derzeit üblichen, ge-samten Fundingsummen bei vielen Crowdinvesting-Plattformen. Sollten sich weitere Modelle, mit höheren möglichen Investitionssummen im Markt etablieren, eröffnen sich für Business Angels und Crowdinvestoren Chancen auf erhebliche Kooperati-onspotenziale.

5.4 Möglichkeiten des Zusammenwirkens von Crowdinvesting und „klassischen" Venture Capital-Finanzierungen

Die Frage, ob Crowdinvesting eine innovative Ergänzung zu „klassischen" Venture Capital-Finanzierungen ist, kann eindeutig mit Ja beantwortet werden. Durch eine

---

[117] Vgl. Ullrich, K., 2008: Der informelle Beteiligungsmarkt in Deutschland. http://www.kfw.de/kfw/de/I/II/Download_Center/Fachthemen/Research/PDF-Dokume-te_WirtschaftsObserver_online/2008/WOb_November_2008_Business_Angels_08_uhk%5B1%5D.pdf (abgerufen am 03.01.2013).
[118] Vgl. Seedmatch GmbH (Hrsg.), 2012b: Seedmatch. Presi. URL: http://prezi.com/q_87uaedhuu8/seedmatch-happy-birthday/ (abgerufen am 03.01.2013).

differenzierte Betrachtung kann Crowdinvesting als neue Finanzierungsalternative für Unternehmen eingeordnet werden. Restriktive Kreditvergaben seitens der Banken und häufig zu teure Kreditkonditionen bei Genehmigung, sorgen für Nachfrage nach Möglichkeiten der Beteiligungsfinanzierung. Venture Capital-Gesellschaften haben einen klaren Fokus auf innovationsstarke Unternehmen der Spitzentechnologie. Auch der Auswahlprozess stellt eine große Hürde dar. Zudem wird bevorzugt in fortgeschrittene Start-up Unternehmen investiert, die bereits an der Schwelle zur Expansionsphase stehen und meist einen hohen Kapitalbedarf haben. Viele Unternehmen auf den derzeit aktiven Crowdinvesting-Plattformen gehören ebenfalls der High-Tech-Branche an, allerdings mit einem Fokus auf Softwarelösungen und Internetdienstleistungen, also nicht im Bereich der oberen Spitzentechnologie. Dementsprechend niedriger sind auch der Innovationsgrad und der nachgefragte Kapitalbedarf, als bei Unternehmen die bei VC-Gesellschaften auf dem Radar stehen. Auch Unternehmen aus Low-Tech-Bereichen können sich über Crowdinvesting finanzieren, letztlich muss die Geschäftsidee die Investoren überzeugen. Die Ausrichtung vieler Business Angels, steht dem Prinzip des Crowdinvesting weit näher. Sowohl nach Unternehmensphase als auch nach Unternehmenstyp, lassen sich deutliche Überschneidungen ausmachen.

Als Ergebnis lassen sich folgende Zusammenhänge formulieren: Crowdinvesting kann durchaus die Kapitalbedürfnisse junger Gründungsunternehmen bedienen. Für viele Projekte reichen die zustande gekommenen Fundings aus, die sich derzeit meist im Bereich um 100.000 Euro bewegen, um die Geschäftsidee zu entwickeln. Gegebenenfalls kann durch weitere Fundingrunden ein hoher Anteil der Unternehmensfinanzierung durch Crowdinvesting erfolgen. Erhebliches Potenzial bietet ein prozessorientiertes Zusammenwirken von Crowdinvesting und klassischem Venture Capital. So kann Crowdinvesting als erste Finanzierung, zur Überbrückung anfänglicher Kapitalengpässe genutzt werden. In dieser Zeit kann sich ein Unternehmen entwickeln und wachsen. Ein Unternehmen kann sich im weiteren Verlauf dahingehend entwickeln, dass es für Business Angels oder Venture Capital-Gesellschaften interessant wird eine Anschlussfinanzierung einzugehen. Erste Plattformen haben sich bereits auf eine solche Ausrichtung spezialisiert. Denn das sich ein Unternehmen, das sich durch Crowdinvesting finanziert hat, nach einer durchschnittlichen Laufzeit von 5-7 Jahren bereits auf dem Wege zu einem Börsengang befindet ist zweifelhaft. Viel größer ist der Bedarf nach weiteren Kapitalspritzen. Dementsprechend ist eine anschlussfinanzierungsfreundliche Vertragsgestaltung ein wichtiges Kriterium sowohl für den Erfolg der Crowdplattform als auch für die Unternehmen.

Einige Plattformen haben diesen Zusammenhang bereits erkannt und sich darauf spezialisiert. So bündelt die Plattform Companisto die Beteiligungen der Investoren und beteiligt sich direkt mit einer atypischen stillen Beteiligung an einem Start-up Unternehmen. Die Investoren sind über Unterbeteiligungsverträge am Gewinn, an potenziellen Exit-Erlösen und am Unternehmenswert des Start-ups beteiligt. Die Verträge wurden dabei so erstellt, dass sich eine Anschlussfinanzierung einfach und unverzüglich durchführen lässt. Crowdinvesting muss nicht nur als erste Vorstufenfinanzierung betrachtet werden. Auch parallele Engagements von VC-Gesellschaften, Business Angels und Crowdinvestoren sind denkbar. Selbst für Unternehmen in fortgeschrittenen Wachstumsphasen kann Crowdinvesting eine Finanzierungsalternative sein. Einen solchen Ansatz verfolgt die Plattform Bergfürst. So sollen die gelisteten Unternehmen bereits über ein funktionierendes Geschäftsmodell verfügen und nun für Markterschließung und Marktdurchdringung frisches Kapital generieren. Vorzugsweise sollen diese Unternehmen bereits durch Venture Capital-Gesellschaften finanziert oder von Business Angels begleitet worden sein. Eine Platzierung des Unternehmens bei Bergfürst, stellt für diese aber kein Exit-Szenario dar. Denn auch sie können weiterhin vom Wachstum des Unternehmens profitieren. Darüber hinaus werden die Altgesellschafter verpflichtet, ihre Anteile für eine Halte- oder Lock-up-Frist zu behalten, um so ein Überangebot am Markt kurz nach der Emission zu verhindern. Das Volumen der Emissionen soll zwischen einer und fünf Millionen Euro liegen. Zusammenfassend lässt sich sagen, dass dieses Konzept als innovativste und reifste Ergänzung zu Venture Capital gesehen werden kann, da die Beteiligungen vollen Eigenkapitalcharakter haben und Crowdinvesting den Unternehmen, als sinnvolle Wachstumsfinanzierung, eine geeignete weiterführende Alternative bietet. Erste Transaktionen sollen Ende des ersten Quartals 2013 ermöglicht werden.

Ein weiteres Beispiel findet sich in der Schweiz. Dort fungiert der Anbieter Investiere.ch als eine Art Hybridform zwischen Venture Capital und Crowdinvesting. Das Angebot richtet sich an Frühphasenunternehmen mit einem Mindestkapitalbedarf von 500.000 Schweizer Franken. Maximal sind 2.5 Millionen Schweizer Franken pro Finanzierungsrunde vorgesehen. Die Investitionsminima liegen zwischen 6.000 und 10.000 Schweizer Franken und sind damit zwar tief im Vergleich zu traditionellen Investitionen von Business Angels, doch nicht ganz so tief, dass sie eine breite Masse ansprechen. Als Investoren treten auf der Plattform vermögende Privatinvestoren, Schweizer Business Angels und auch VC-Gesellschaften auf. Durch diese hybride Finanzierungsform investieren Anleger stets zusammen mit professionellen Koinvestoren. Business Angels und VC-Gesellschaften übernehmen dabei die Rolle als Leadinvestoren und vermitteln Projekten dadurch eine höhere Sicherheit und folglich ein höheres Investitionsaufkommen durch private Investoren.[119] Eine solche konzeptionelle Auslegung, bietet auch Potenzial für mittelständische Unternehmen über eine „professionalisierte" Crowd, Kapital einzusammeln.

Ein sinnvolles Zusammenwirken von Crowdinvesting und klassischen Venture Capital-Beteiligungen ist also möglich und könnte die Strukturen des deutschen Beteiligungskapitalmarktes entscheidend beeinflussen.

---

[119] Vgl. Elsner, D., 2012: Eigenkapitalfinanzierung. In der Schweiz geht Investiere.ch höher ran als Plattformen in Deutschland. http://www.blicklog.com/2012/03/02/eigenkapitalfinanzierung-2-0-in-der-schweiz-geht-investiere-ch-hher-ran-als-plattformen-in-deutschland/ (abgerufen am 05.01.2013).

5.5 Zusammenfassende Ergebnisformulierung und Fazit

Auf die zu Beginn in der Zielsetzung formulierten Fragestellungen, konnten im Laufe der Untersuchungen und Analysen passende Antworten erarbeitet werden. Diese wurden in den jeweiligen Kapitel bereits ausführlich gegeben, sollen an dieser Stelle aber nochmals als Ergebnis ausformuliert werden und die Grundlage für ein abschließendes Fazit bilden. Venture Capital stellt in Deutschland noch immer eine Ausnahme bei der Unternehmensfinanzierung dar. Um langfristig die Chancen für die Herausbildung eines dynamischeren und größeren Marktsegments für Beteiligungskapital zu erhöhen, müssen die Weichen sowohl im rechtlichen als auch im steuerlichen Regulierungsrahmen neu angepasst werden. Parallel dazu muss eine Veränderung der deutschen Finanzierungskultur und Gründungskultur einsetzen, denn Probleme ergeben sich sowohl auf der Kapitalangebotsseite als auch auf der Kapitalnachfrageseite. Venture Capital-Gesellschaften haben meist einen engen Definitionsrahmen der genau festlegt, in welche Unternehmen investiert werden soll. Dies sind häufig fortgeschrittene Start-up Unternehmen aus hochinnovativen und hochtechnologischen Branchen. Business Angels neigen eher zu Investitionen in die Phasen Seed und Start-up, also Phasen der eigentlichen Gründungsfinanzierung. Der „graue Kapitalmarkt" auf dem Business Angels aktiv sind, gilt in Deutschland als ineffizient, da aufgrund mangelnder Transparenz und Organisation Kapitalnachfrager und potenzielle Kapitalanbieter Probleme haben zusammenzufinden. Durch restriktive Kreditvergaben seitens der Banken und geringer Eigener Mittel, haben viele Unternehmen Bedarf nach Beteiligungskapital, können dieses aber oft nicht erhalten, da sich entweder ihr Geschäftsmodell für Venture Capital-Gesellschaften oder Business Angels nicht eignet oder der Kontakt gar nicht erst zu Stande kommt. Die Tatsache, dass viele Unternehmensgründungen frühzeitig wieder aufgegeben werden müssen, ist auch auf die eben geschilderte Ineffizienz und den daraus resultierenden Mangel an Finanzierungsmittel zurückzuführen.

Die Entwicklung des Internets bzw. des Web 2.0 als neue sozio-technische Ausrichtung des Internets, war grundlegend für die Entwicklung des Crowdfunding bzw. des auf die Finanzierung von jungen Unternehmen spezialisierten Crowdinvesting. Auf Crowdinvesting-Plattformen kommen Kapitalanbieter und Kapitalnachfrager zusammen. Klassische Crowdplattformen konzentrieren sich dabei auf die Finanzierung junger Start-up Unternehmen. Der Beteiligungsmarkt wird erstmals auch für Privatinvestoren zugänglich, die sich mit geringen Kapitalbeträgen an den Unternehmen beteiligen können. Dabei sind partiarische Nachrangdarlehen sowie typische und atypische stille Beteiligungen die häufigsten Beteiligungsformen. Häufig handelt es sich also nicht um direkte Eigenkapitalbeteiligungen, sondern um Beteiligungen die ein Unternehmen unter bestimmten Voraussetzungen als Eigenkapital bilanzieren kann. Sowohl Lowtech-Unternehmen als auch Hightech-Unternehmen können Crowdinvesting als Finanzierungsalternative nutzen. Lediglich die „Crowd", also die Investoren, müssen von der Geschäftsidee überzeugt werden. Zu Beginn boten die meisten Plattformen Finanzierungen bis maximal 100.000 Euro an. Mittlerweile haben einige Anbieter durch geschicktes Ausnutzen rechtlicher Rahmenbedingungen und Spielräume, die maximal möglichen Fundingsummen erhöhen können. Crowdinvesting ist in Deutschland erst im Entstehungsprozess, erste erfolgreiche Projekte wurden im Jahr 2011 abgeschlossen. Die Entwicklungstendenzen sind derzeit äußerst positiv einzuschätzen. Immer mehr Plattformen bieten immer unterschiedlichere Crowdinvesting-Modelle an. Die Anzahl erfolgreicher Fundings und die erreichten Investitionssummen, haben sich bisher in jedem Quartal im Jahr 2012 deutlich steigern können. Für 2013 kann daher von einem noch dynamischeren Anstieg ausgegangen werden. Crowdinvesting ist definitiv eine innovative Alternative zu Venture Capital-Finanzierungen. Durch eine entsprechende Vertragsgestaltung können sich Unternehmen zunächst über Crowdinvesting finanzieren und nach Ablauf der Vertragslaufzeit in eine Anschlussfinanzierung durch Venture Capital-Gesellschaften und Business Angels übergehen. Das Modell wird derzeit von der erfolgreichen Plattform Companisto angewandt und stellt eine äußerst vielversprechende Verbindung von Crowdinvesting und „klassischer" Beteiligungsfinanzierung dar.

Eine weitere Möglichkeit, die ab 2013 durch die Plattform Bergfürst zugänglich gemacht werden soll, sieht handelbare „echte" Eigenkapitalbeteiligungen für Crowdinvestoren vor. Dabei sollen Beträge von 2-5 Millionen Euro realisiert werden. Ein Angebot, das sich auch an bereits fortgeschrittene Unternehmen mit Wachstumskapitalbedarf richtet. Dabei können Unternehmen auch bereits eine Vorfinanzierung durch Business Angels oder Venture Capital-Gesellschaften erhalten haben und durch die Crowd ihren Finanzierungsrahmen erweitern. Eine dritte Möglichkeit, welche den innovativen Charakter des Crowdinvesting weiter unterstreicht, ist ein gemeinsames Crowdinvesting von Business Angels, interessierten Privatinvestoren und Venture Capital-Gesellschaften, wie es derzeit in der Schweiz praktiziert wird. Entsprechende Vertragssysteme Regeln die Exitbedingungen der einzelnen Investoren und ein Unternehmen profitiert durch die Stärken der jeweiligen Finanzierungsformen.

Wie die Analyse gezeigt hat, besitzt Crowdinvesting das Potenzial den deutschen Beteiligungskapitalmarkt zu bereichern. Gründungsunternehmen aller Branchen, aber auch bereits etablierte Unternehmen, bekommen durch Crowdinvesting die Möglichkeit, Kapitalaufnahmen durch ein unabhängiges und in der weiteren Entwicklung und Anwendung stark wachsendes Finanzierungsinstrument zu ergänzen.

6. Literatur- und Quellenverzeichnis

Bücher und Studien

Boué, A.: Wie komme ich zu Venture Capital?,

Wien: Linde 2008

Engelmann, A.; Juncker, K.; Natusch, I.; Tebroke, H.: Moderne Unternehmensfinanzierung, Frankfurt am Main: Fritz Knapp 2000

Ernst, D.; Schneider, S.; Thielen, B.: Unternehmensbewertungen erstellen und verstehen, 4. Aufl., München: Vahlen 2010

Haemmig, M.: The Globalization of Venture Capital,

Bern: Paul Haupt 2003

Heinen, J.: Bewertungskriterien in der Venture Capital Finanzierung,

Hamburg: Diplomica 2012

Hutzschenreuter, T.: Allgemeine Betriebswirtschaftslehre,

3. Aufl., Wiesbaden: Gabler 2009

Lake, R.; Lake, A.R.: Private Equity and Venture Capital,

London: Euromoney Books 2000

Leopold, G.; Fronmann, H.: Eigenkapital für den Mittelstand,

München: Beck 1998

Rakau, H.: Deutschlands Biotechnologieregionen,

Frankfurt: Deutsche Bank Research 2011

Röhl, K,H.: Der deutsche Wagniskapitalmarkt,

Köln: Institut der deutschen Wirtschaft Köln 2010

Schefczyk, M.: Finanzieren mit Venture Capital und Private Equity,

2. Aufl., Stuttgart: Schäffer-Poeschel 2006

Tcherveniachki, V.: Kapitalgesellschaften und Private Equity Fonds,

Berlin: Erich Schmidt 2007

Weitnauer, W.: Handbuch Venture Capital,

München: Beck 2000

Onlinequellen

Bankless24 (Hrsg.), o.J.: Bankless24. Finanzieren Sie ihr Vorhaben direkt, URL:

https://www.bankless24.de/de/fuer-emittenten/finanzieren (abgerufen am 30.12.2012)

Bankless24 GmbH (Hrsg.), 2012: Projektübersicht. URL:

https://www.bankless24.de/de/projekte/projektuebersicht (abgerufen am 31.12.2012)

Bergfürst AG (Hrsg.), o.J.: Bergfürst. Die häufigsten Fragen unserer Investoren. URL:

https://de.bergfuerst.com/faq (abgerufen am 31.12.2012)

Berlin Crowd GmbH (Hrsg.), 2012: Berlin Crowd, Crowdfunding für Berlin. FAQ für

Investoren. URL: https://www.berlincrowd.com/faq/crowdfunding-ba
cker#investor_who-can (abgerufen am 30.12.2012)

Bundesanstalt für Finanzdienstleistungsaufsicht (Hrsg.), 2012: Crowdfunding im Licht

des Aufsichtrechts.URL:http://www.bafin.de/SharedDocs/Veroeffentlichungen/
DE/Fachartikel/fa_bj_2012_09__crowdfunding.html?nn=2818606 (abgerufen
am 24.12.2012)

Bundesministerium für Wirtschaft und Technologie (Hrsg.) 2012a: ERP-Startfonds.

URL:http://www.foerderdatenbank.de/FoerderDB/Navigation/Foerderrecherch
e/suche.html?get=views;document&doc=9061 (abgerufen am 10.12.2012)

Bundesministerium für Wirtschaft und Technologie (Hrsg.) 2012b:

ERP/EIF-Dachfonds. URL:
http://www.foerderdatenbank.de/FoerderDB/Navigation/Foerderrecherche/she.
html?get=views;document&doc=8933 (abgerufen am 10.12.2012)

Bundesverband Deutscher Kapitalbeteiligungsgesellschaften (Hrsg.), 2008:

Pressemitteilungen 2008. Kritik des Sachverständigenrates

am MoRaKG berechtigt. URL:
http://www.bvkap.de/privateequity.php/cat/114/aid/333/title/BVK:_Kritik_des_S
achverstaendigenrats_am_MoRaKG_berechtigt (abgerufen am 04.12. 2012)

Bundesverband Deutscher Kapitalbeteiligungsgesellschaften (Hrsg.), 2011: BVK

Statistik. Das Jahr 2011 in Zahlen, S10. URL:
http://www.bvkap.de/privateequity.php/cat/42/title/Aktuelle_Statistiken
(abgerufen am 09.12.2012)

Bundesverband Deutscher Kapitalbeteiligungsgesellschaften (Hrsg.), 2012a:

Interaktive Charts. Private Equity in Deutschland. URL:
http://www.bvkap.de/privateequity.php/cat/172/title/Interaktive_Charts
(abgerufen am 06.12.2012)

Bundesverband Deutscher Kapitalbeteiligungsgesellschaften (Hrsg.), 2012b: BVK

Statistik. Der deutsche Beteiligungsmarkt im 3. Quartal 2012: URL:
http://www.bvkap.de/privateequity.php/cat/42/title/Aktuelle_Statistiken
(abgerufen am 08.12.2012)

Bundesverband Deutscher Kapitalbeteiligungsgesellschaften (Hrsg.), o.J.:

Venture Capital. URL:
http://www.bvkap.de/privateequity.php/cat/36/aid/461/title/Venture_Capital_W
agniskapital (abgerufen am: 12.11.2012).

Bundesverband Deutscher Kapitalbeteiligungsgesellschaften (Hrsg.), o.J.:

Die Geschichte von Private Equity. URL: http://www.wir-investieren.de/was-ist-
private-equity/die-geschichte-von-private-equity/#
(abgerufen am 23.11.2012)

BVCA/Price Waterhouse Coopers, 2004: A Guide to Private Equity.

http://www.bplans.co.uk/common/resources/pdfs/A_Guide_to_Private_Equity_
BVCA.pdf (abgerufen am 12.11.2012)

Companisto GmbH (Hrsg.), 2012: Companisto. Deine Start-ups. Häufig

gestellte Fragen. URL: https://www.companisto.de/faq
(abgerufen am 29.12.2012)

Crowdinvestor24 (Hrsg.), 2012a: Crowdinvesting Fakten. URL:

http://www.crowdinvestor24.de/crowdinvesting/fakten/ (abgerufen am
27.12.2012)

Crowdinvestor24 (Hrsg.), 2012b: Crowdinvesting Markt Q3 2012. URL:

http://www.crowdinvestor24.de/markt/ (abgerufen am 26.12.2012)

Deutsche Mikroinvest GmbH (Hrsg.), 2012a: FAQ für Unternehmer. URL:

https://www.deutsche-mikroinvest.de/de/projekt-starten/auf-einen-blick-faq
(abgerufen am 30.12.2012).

Deutsche Mikroinvest GmbH (Hrsg.), 2012b: Abgeschlossene Projekte. URL:
https://www.deutsche-mikroinvest.de/de/projekte/aktuelle-projekte (abgerufen
am 31.12.2012)

Deutsche Telekom Stiftung (Hrsg.) 2012: Innovationsindikator. Zentrale Ergebnisse.
URL: http://www.innovationsindikator.de/der-innovationsindikator/
zentrale-ergebnisee/ (abgerufen am 11.12.2012)

Deutsches Institut für Wirtschaftsforschung in Berlin (DIW) (Hrsg.) 2009: Innovationsindikator 2009: Deutschland hat Aufholbedarf. URL:
http://www.diw.de/sixcms/detail.php?id=diw_01.c.342317.de
(abgerufen am 11.12.2012)

Elsner, D., 2012: Eigenkapitalfinanzierung. In der Schweiz geht Investiere.ch
höher ran als Plattformen in Deutschland.
http://www.blicklog.com/2012/03/02/eigenkapitalfinanzierung-2-0-in-
der-   schweiz-geht-investiere-ch-hher-ran-als-plattformen-in-deutschland/
(abgerufen am 05.01.2013)

European Comission (Hrsg.) 2009: Small and medium-sized enterprises.
Eurobarometer Survey on Entrepreneurship. URL:
http://ec.europa.eu/enterprise/policies/sme/facts-figures-analy
sis/eurobarometer/index_en.htm (abgerufen am 11.12.2012)

Frommann, H.; Dahmann, A, 2005: Bundesverband deutscher
Kapitalbeteiligungsgesellschaften. Zur Rolle von Private Equity und Venture
Capital in der Wirtschaft, S.7. URL: http://www.factbook.at/cgi-
bin/images/pdf/ZTP/318.pdf (abgerufen am 02.12.2012)

Fryges, H.; Gottschalk, S.; Licht, G.; Müller, K., 2007: Zentrum für Europäische
Wirtschaftsforschung. Hightech-Gründungen und Business Angels, S.8ff.URL:
ftp://ftp.zew.de/pub/zew-docs/gutachten/businessangel-endbericht.pdf
(abgerufen am 10.12.2012)

Gabler Verlag (Herausgeber), o.J: Gabler Wirtschaftslexikon, Stichwort: Web 2.0.
URL:http://wirtschaftslexikon.gabler.de/Archiv/80667/web-2-0-v7.html
(abgerufen am 19.12.2012)

Gründerplus GmbH (Hrsg.), o.J.: Gründerplus Crowdinvesting. Das Plus für Gründer.

URL: https://www.gruenderplus.de/index.php/crowd-ups.html
(abgerufen am 29.12.2012)

High-Tech Gründerfonds GmbH (Hrsg.) o.J: Der High-Tech Gründerfonds.

URL: http://www.high-tech-gruenderfonds.de/press/profil-keyfacts/
(abgerufen am 10.12.2012).

Industrie- und Handelskammer (IHK) Frankfurt am Main (Hrsg.), 2010:

Mezzanine-Finanzierung, Eigenkapital oder Fremdkapital? URL:
http://www.frankfurt-
main.ihk.de/unternehmensfoerderung/mittelstandsfinanzierung/soll-
situati on/finanzierungskonzept /mezzanine/ (abgerufen am 27.12.2012)

Inkubato (Hrsg.), 2012: Crowdfunding für kreative Projekte. URL:

http://www.inkubato.com/de/projekte/populaer (abgerufen am 20.12.2012)

Innovationsnetzwerk Niedersachsen (Hrsg.) o.J:

Steuerliche Innovationsförderung. Vorerst auf Eis. URL:
http://www.innovationsnetzwerk-niedersachsen.de/Netzwerken/TWikiTopic958
(abgerufen am 12.12.2012)

Innovestment GmbH (Hrsg.), 2011: Warum Innovestment? URL:

http://www.innovestment.de/startups.html (abgerufen am 28.12.2012)

Institut für Mittelstandsforschung Bonn, 2012a: Kennzahlen zum Mittelstand

2010/2012 in Deutschland. URL: http://www.ifm-bonn.org/index.php?id=99
(abgerufen am 30.11.2012)

Institut für Mittelstandsforschung Bonn, 2012:b Ergebnisse aus der Beschäftigungs-

statistik der BA. URL: http://www.ifm-bonn.org/index.php?id=108
(abgerufen am 30.11.2012)

Kickstarter (Hrsg.), o.J.: Kickstarter Basics: Kickstarter 101. URL:

http://www.kickstarter.com/help/faq/kickstarter%20basics?ref=nav (abgerufen
am 19.12.2012)

Klein, R., 2012: Vom Crowdfunding zu Crowdinvesting.

http://www.fuer-gruender.de/blog /2011/07/crowd-funding-crowd-investing/
(abgerufen am 18.12.2012).

Mashup Finance UG (Hrsg.), o.J.:

http://mashup-finance.de/fuer-investoren/investieren-faq/ (abgerufen am
28.12.2012)

Müller, M., o.J.: Historische Entwicklung des deutschen Venture Capital Marktes.

http://www.venture-capital-finanzierung.de/seite-14.html (abgerufen am
29.11.2012)

Mybusinessbacker GmbH (Hrsg.), 2012: Mybusinessbacker FAQ. URL:

https://www.mybusinessbacker.de/faq.html (abgerufen am 30.12.2012)

National Venture Capital Association, Yearbook 2012, S.26. URL:

http://www.nvca.org/index.php?option=com_content&view=article&id=257&Ite
mid=103 (abgerufen am 30.11.2012)

Ollrog, M-C., 2012: Crowdfunding: Ist der Schwarm die Bank der Zukunft?

http://www.finance-magazin.de/geld-liquiditaet/alternative-finanzierun
gen/crowdfunding-ist-der-schwarm-die-bank-der-zukunft/
(abgerufen am 01.01.2013)

Portal Für-Gründer.de (Hrsg.), 2012a: Crowdfunding-Monitor. URL:

http://www.fuer-gruender.de/kapital/eigenkapital/crowd-funding/monitor/
(abgerufen am 19.12.2012)

Portal Für-Gründer.de (Hrsg.), 2012b: Crowdinvesting: Finanzierung für Start-ups.

URL: http://www.fuer-gruender.de/kapital/eigenkapital/crowd-investing/ (abgerufen am 22.12.2012)

Portal Für-Gründer.de (Hrsg.), 2012c: Crowdfunding und Crowdinvesting in

Deutschland. URL: http://www.fuer-
gruen-
der.de/fileadmin/mediapool/Unsere_Studien/Monitor_9M_2012/Crowd_fundin
g-Monitor_2012_9M_2012.pdf (abgerufen am 26.12.2012).

Portal Für-Gründer.de (Hrsg.), 2013: Crowdinvesting Report 2012. URL:

http://www.crowdinvestor24.de/markt/ (abgerufen am 03.01.2013)

Schmidt, K., 2012: Crowdinvesting: Endlich Geld zum Gründen.

http://startup-erfolg.de/2012/10/29/crowdinvesting-endlich-geld-zum-gruenden/
(abgerufen am 18.12.2012).

Seedmatch GmbH (Hrsg.), 2012a: Seedmatch Crowdfunding für Start-ups.

Abgeschlossene Finanzierungen. URL:
https://www.seedmatch.de/startups/abgeschlossen (abgerufen am
31.12.2012)

Seedmatch GmbH (Hrsg.), 2012b: Seedmatch. Presi. URL:

http://prezi.com/q_87uaedhuu8/seedmatch-happy-birthday/ (abgerufen am
03.01.2013)

Seedmatch GmbH (Hrsg.), o.J.: Seedmatch Crowdfunding für Start-ups. URL:

https://www.seedmatch.de/ueber-uns/fuer-investoren (abgerufen am
26.12.2012)

Small Business Notes (Hrsg.), o.V., o.J.: Small Business Investment Companies.

URL: http://www.smallbusinessnotes.com/business-finances/small-business-
investment-companies-sbics.html (abgerufen am 24.11.2012).

Startnext Crowdfunding (Hrsg.), 2012: Startnext Projekte. URL:

http://www.startnext.de/Projekte.html (abgerufen am 20.12.2012)

Ulrich, K., 2008: KfW Bankengruppe. Der informelle Beteiligungskapitalmarkt in

Deutschland, S.15. URL:
http://www.kfw.de/kfw/de/I/II/Download_Center/Fachthemen/Research/
PDF-_Dkumen-
te_WirtschaftsObserver_online/2008/WOb_November_2008_Business_Angel
s_08_uhk%5B1%5D.pdf (abgerufen am 10.12.2012)

United Equity GmbH (Hrsg.), 2012: DOMS Kabel- und Kanalbau GmbH. URL:

https://www.united-equity.de/unternehmen/DOMS%20Kabel-
%20und%20Kanalbau%20GmbH/investmentangebot/4/Finanzierung
(abgerufen am 31.12.2012)

Vision Bakery (Hrsg.), 2012: Alle Projekte auf einem Blick. URL:

http://www.visionbakery.com/visionen/everywhere/all/all/newest_first/1/all/all_c
urators (abgerufen am 20.12.2012)

Voigtmann, M., o.J.: Häufige Fragen nebst Antworten zu Venture Capital und

Private Equity. http://www.wagniskapitalfonds.de/faq-venturecapital.htm
(abgerufen am 16.11.2012)

Werner, H., 2012: Darlehen mit qualifiziertem Nachrang wird nach

Dr. Horst Siegfried Werner von der BaFin im Wege der Einzelfallprüfung akzeptiert. http://finanzierungen.blogg.de/2012/04/20/darlehen-mit-qualifiziertem-nachrang-wird-nach-dr-horst-siegfried-werner-von-der-bafin-im-wege-der- einzelfallprufung-akzeptiert/ (abgerufen am 26.12.2012)